Birgit Nagl

Das Sparbuch

Birgit Nagl

Das Sparbuch

Schulden loswerden - Sparziele erreichen - Besser haushalten

Impressum

Bibliografische Information der Deutschen Nationalbibliothek:
Die Deutsche Nationalbibliothek verzeichnet diese Publikation in der Deutschen Nationalbibliografie; detaillierte bibliografische Daten sind im Internet über http://dnb.dnb.de abrufbar.

Herstellung und Verlag: BoD – Books on Demand, Norderstedt

ISBN: 9783752670196

Vorwort

Sie haben Schulden? Ihr Konto ist ständig überzogen? Sie können sich keinen Urlaub leisten? Oder es nervt Sie, dass Ihnen das Geld zwischen den Fingern zerrinnt?

Das kann bald Schnee von gestern sein. Denn mit vorliegendem Buch erhalten Sie jede Menge Tipps und Anregungen, wie Sie in Zukunft besser mit Ihrem Einkommen auskommen. Lesen Sie das Buch, machen Sie sich Notizen und setzen Sie Schritt für Schritt jene Vorhaben um, die für Sie machbar und sinnvoll sind. Sie werden sehen: Der Erfolg wird sich einstellen.

Sie haben selbst schon oft über Einsparungen nachgedacht und den einen oder anderen Vorschlag, wie man seine Sparziele erreicht? Dann würde es mich freuen, wenn Sie mir diese mitteilen, denn die Fortsetzung dieses Buches ist bereits in Planung. Auch Anregungen, welche Themenbereiche bei einem Sparbuch für Fortgeschrittene enthalten sein sollen, sind sehr willkommen.

Schreiben Sie mir unter: sparbuch@gmx.net

Viel Freude beim Umsetzen der Spartipps und beim Erreichen Ihrer Ziele wünscht Ihnen

Birgit Nagl

Inhaltsverzeichnis

Ihr Sparpotenzial

Sie haben das Gefühl, Sie leben sparsam und da bleibt nicht viel Spielraum, um noch den einen oder anderen Euro zur Seite zu legen?

Machen Sie doch den Selbsttest:

Kreuzen Sie jene Aussagen an, denen Sie zustimmen!

Ich gehe manchmal ohne Einkaufstasche in den Supermarkt	
Ab und zu gönne ich mir einen Coffee to Go	
Ich lasse das Licht in Räumen brennen, in denen sich niemand aufhält	
Vollbäder sind wundervoll und gehören für mich zur regelmäßigen Körperpflege	
Mein Geschirrspüler wäscht nur im Langprogramm sauber	
Manchmal werfe ich Essen weg	
In meinem Kleiderschrank ist definitiv NICHTS zum Anziehen	
Babysitter sind teuer, aber notwendig	
Fertiggerichte - immer wieder gerne	

Wenn es beim Essen mal schnell gehen muss, bestelle ich auch beim Lieferservice	
Ich laufe auch im Winter zu Hause im T-Shirt herum	
Ich liebe Küchenkräuter und kaufe Sie frisch abgepackt im Supermarkt	
Wenn mich unterwegs der Durst überfällt, muss es schon mal das Mineralwasser in der Imbissstube sein	
Ich rauche	
Ich treffe mich regelmäßig mit Freunden in Restaurants	
Ich besitze eine Kapselmaschine, weil diese den besten Kaffee macht	
Wenn man alleine lebt, muss man viel mehr für das Essen ausgeben, weil Kleinpackungen viel teurer sind	
Der Kaffeehausbesuch mit der besten Freundin hat einfach Tradition	
Wenn man berufstätig ist, braucht man sehr viele Outfits - schließlich kann man nicht ständig das Gleiche tragen	
Ich habe mein Konto überzogen	

Ab und zu muss es ein Taxi sein, weil ich keine Lust habe, auf Zug/Bus/U-Bahn/Straßenbahn zu warten	
Regelmäßige Besuche bei der Fußpflege gehören für mich einfach dazu	
Eigentlich weiß ich nicht genau, wie viel Geld ich pro Monat wofür ausgebe	
Wenn ich etwas schenke, muss das einen gewissen Mindestwert haben	
Bei mir zu Hause gibt es immer Mineralwasser, Säfte, Bier oder Wein	
Markenprodukte sind einfach besser	
Ich bezahle Kontoführungsgebühren	
Auch wenn ich dafür Schulden mache: Urlaub muss sein	
Je mehr Waschmittel, desto sauberer die Wäsche	
Zum Friseur gehe ich mindestens alle 4 bis 6 Wochen	
Es geht doch nichts über eine Maniküre beim Profi	
Bei mir zu Hause liegen viele Dinge herum, die ich nicht mehr brauche	

Ein gutes Essen kann man nicht unter 3 Euro kochen	
Großpackungen kommen für mich nicht in Frage	
Ich habe eine ungenutzte Garage	
Neue Kleidung kaufe ich ohnehin günstig	
Mit **einem** Streamingdienst komme ich niemals aus	
Zum Geburtstag oder zu Weihnachten bekomme ich oft etwas geschenkt, was ich gar nicht brauchen kann	
Wenn ich frustriert bin, kaufe ich mir etwas	
Die Kosmetikerin würde ich schon sehr vermissen	
Diskonter sind immer billiger	
Wenn Essen abgelaufen ist, entsorge ich es in den Müll	
Ich habe einen Raum in meiner Wohnung, den ich nicht nutze	
Gesundes Essen ist immer teuer	
Meine Putzlappen werfe ich nach spätestens einer Woche weg	

Bei Geschenkverpackungen lasse ich mich nicht lumpen	
Meine Handyrechnung beträgt mehr als 20 Euro	
In der Mittagspause gehe ich mit meinen Kollegen essen oder wir holen uns etwas Fertiges aus der Umgebung	
Ich schlage bei jedem Schnäppchen zu	
Ein Theaterbesuch kostet 30 Euro oder mehr - trotzdem gönne ich mir diesen manchmal	

Auswertung:

Für jedes Kreuz, das Sie gemacht haben, zählen Sie einen Punkt.

0 Punkte: Gratulation! Sie sind auf dem richtigen Weg. Aber sicherlich finden Sie mit Hilfe dieses Buches noch die eine oder andere Sparmöglichkeit in Ihrem Alltag.

1 bis 5 Punkte: Nicht schlecht! Sie haben sich sicherlich schon öfter den Kopf darüber zerbrochen, wie und wo Sie Geld einsparen können.

6 bis 10 Punkte: Ausbaufähig! Auf die eine oder andere Sparmöglichkeit sind Sie schon von selbst gekommen. Das Buch wird Ihnen helfen, weitere Bereiche zu finden, wo das Sparen nicht weh tut.

11 Punkte oder mehr: Ebenfalls Gratulation! Bei Ihnen gibt es noch großes Einsparungspotenzial! Wenn Sie sich an ein

paar Tipps aus diesem Buch halten, werden Sie schnell die ersten Erfolge merken.

Einleitung

Eines vorweg: Warum Sie sparen wollen, kann die unterschiedlichsten Gründe haben. Vielleicht wollen Sie mit Ihrem Geld besser auskommen und gegen Monatsende nicht ins Schwitzen kommen, wenn ein Lebensmitteleinkauf ansteht. Oder Sie sparen auf ein bestimmtes Ziel, wie etwa einen Urlaub, einen neuen Mantel oder auch ein neues Auto. Genauso kann es sein, dass Sie einfach keine Lust haben, zu viel für Dinge zu bezahlen. Oder Sie schlafen einfach besser, mit einem finanziellen Polster.

Diese Buch soll Sie dabei unterstützen, in Zukunft mehr von Ihrem Geld zu haben. Ihre Schulden loszuwerden, weniger arbeiten zu müssen, einen Sicherheitspolster zu haben oder sich einen Wunsch zu erfüllen.

Wie Sie dabei vorgehen, ist einzig Ihnen überlassen. Nicht alle Tipps werden für Sie interessant sein. In manchen Bereichen wollen wir einfach nicht auf etwas verzichten. Die Intensität, mit der Sie meine Sparideen umsetzen, sollte vor allem von der Dringlichkeit abhängen. Wenn Sie zum Beispiel ein Minus am Konto haben, sollten Sie alles daran setzen, dieses schnellstmöglich loszuwerden. Warum? Weil dieses Minus am Konto viel, ja sogar sehr viel Geld kostet. Dazu gleich mehr.

Natürlich geht es in diesem Buch auch um Verzicht. Manchmal ist es einfach sinnvoll, „Nein" zu sagen. Auch zu sich selbst. Es geht aber nicht darum, knausrig zu sein. Sinnvolles Haushalten hat nichts mit Knausern zu tun. Und Sparen hat nichts damit zu tun, auf Kosten anderer zu leben.

Im Gegenteil: Mit ausreichendem Spielraum bei den Finanzen fällt es im Bedarfsfall auch leichter, großzügig zu sein. Egal, ob zu sich selbst oder zu anderen. Es geht primär darum, Entscheidungen bewusst zu treffen.

Vorbereitende Schritte

Wissen Sie genau, wie viel Geld Sie monatlich zur Verfügung haben? Vermutlich schon. Aber wissen Sie auch, wie viel Sie wofür ausgeben? Bei dieser Frage kommen die meisten Menschen schon ins Stocken. Sollten Sie zu diesen Menschen gehören, haben Sie bereits die erste unvermeidliche Aufgabe zu erledigen:

Verschaffen Sie sich einen Überblick über Ihre monatlichen Ausgaben. Beginnen Sie mit den Fixkosten.

Dazu gehören:

- Miete/Betriebskosten
- Strom, Gas, Heizung
- Versicherungen (Haushalt, freiwillige Pensions-, Unfall- und Krankenversicherungen, Lebensversicherungen, KFZ-Versicherungen,...)
- Unterhaltsverpflichtungen
- Rundfunkgebühren
- Handy, Internet, Kabelfernsehen, Streamingdienste, Spotify,...
- Kosten für Mobilität (KFZ-Kosten, Fahrscheine, Monatskarten für den öffentlichen Verkehr,...)
- Mitgliedsbeiträge (z.B. für ein Fitnesscenter)

- Kontoführungsgebühren
- Sollzinsen für überzogenes Konto
- Kosten für die Kreditkarte
- Kosten für Kindergarten, Schule, Sportkurse, Nachhilfe der Kinder
- Zeitungsabos
- Regelmäßige Spendenzahlungen, die automatisch abgebucht werden
- Kosten für Emailanbieter
- und was sonst noch regelmäßig anfällt.

Um die Fixkosten zu ermitteln, studieren Sie am besten die Kontoauszüge des letzten Jahres. Machen Sie sich eine Tabelle - entweder auf Papier oder am Computer - und tragen Sie jede Postion unter „Ausgaben“ ein.

Dann geht es zum nächsten Schritt: Ermitteln Sie Ihre monatlichen sonstigen Kosten. Dafür notieren Sie - am besten über einen Zeitraum von mehreren Monaten - jeden auch noch so kleinen Betrag, den Sie ausgeben.

Dazu gehören z.B. Ausgaben für:

- Lebensmittel, Kosmetika, Hygenieartikel,...
- Kino, Theater, Bücher, Zeitungen, Kaffeehausbesuche, Eintrittsgelder, Restaurantbesuche,...

- Zigaretten
- Geschenke, Kleidung, Schuhe
- Reparaturen
- Technische Gegenstände
- Möbel, Dekoartikel
- und so weiter und so fort!

Auch diese Beträge werden fein säuberlich notiert. Wenn Sie eine Exceltabelle am Computer erstellen, haben Sie schneller einen Überblick, wie viel Sie schon ausgegeben haben.

Diese Übersichten sind oft schon der erste Schritt, um selbst zu erkennen, dass man auf das eine oder andere verzichten könnte.

Ja, wenn Sie sparen müssen, werden Sie um das Wort „Verzicht“ nicht herum kommen. Allerdings kann man auch lernen, daran Freude zu haben. Wenn man zum Beispiel sieht, wie das Minus am Konto immer kleiner wird.

Konto, Kreditkarten, Sparbücher

Haben Sie ein Minus am Konto, sollte es absolute Priorität haben, dieses wegzubekommen.

Selbstverständlich ist das kein Vorhaben, das in wenigen Wochen erledigt ist. Das Erreichen dieses Zieles hängt von der Höhe des Minus und von Ihren Einnahmen und Ausgaben ab. Aber je schneller Sie beginnen und je eiserner Sie sparen, umso schneller werden Sie ans Ziel kommen.

Warum ist das Minus am Konto so schädlich? Die Banken zahlen auf Sparbüchern mittlerweile so gut wie keine Zinsen. Das überzogene Konto kostet - je nach Bank - bis zu 13,5 % Sollzinsen. Wissen Sie, wie viel Prozent Sie bezahlen?

Ein kleines Rechenbeispiel:

Ihr regelmäßiges Minus in €	Jahreszinsen in € bei einem Sollzinssatz von 10%	Monatliche Zinsen in €
1000	100	8,3
3000	300	25
5000	500	61,7

Welche Möglichkeiten haben Sie, um diese Kosten zu senken?

1. Sie fragen bei Ihrer Bank nach einem Kredit in der Höhe des Minus. Kreditzinsen sind deutlich niedriger. Wenn Sie einen Kredit in der Höhe von 5000 Euro aufnehmen, bezahlen Sie statt Zinsen in der Höhe von 500 Euro jährlich vielleicht nur noch 250 Euro. Und die anderen 250 Euro können Sie gleich zum Zurückzahlen verwenden. Dann haben Sie bei gleicher monatlicher Belastung sukzessive weniger Schulden.

2. Lehnt Ihre Bank einen Kredit ab, fragen Sie doch mal Ihre liebsten Verwandten und Bekannten. Ja, das fällt nicht leicht. Aber in Zeiten, in denen es ohnehin keine Sparzinsen gibt, könnte es doch sein, dass Ihnen jemand ein zinsenfreies Darlehen gibt. Vergessen Sie dabei nicht, die Bedingungen zu vereinbaren (monatliche Rückzahlungsrate) - am besten schriftlich.

3. Wollen Sie nicht im privaten Umfeld fragen, verhandeln Sie niedrigere Sollzinsen bei Ihrer Bank.

4. Haben Sie noch irgendwo Erspartes als eiserne Reserve? Weg damit - es sei denn, dieses Sparbuch bringt Ihnen mehr als 10% Zinsen. Nein? Dann lösen Sie es auf und zahlen Sie das Geld auf Ihr Konto.

5. Kommt das alles nicht für Sie in Frage, gilt: Eisern sparen, bis das Minus weg ist. Wirklich eisern! Streichen Sie alles, was nicht lebensnotwendig ist. Dann haben Sie nicht nur bald Ihr Minus weg, sondern auch von Monat zu Monat mehr zur Verfügung (weil mit jedem Euro, den das Minus kleiner wird, sinken Ihre Zinsen).

Apropos Konto: Zahlen Sie Kontoführungsgebühren? Falls ja, wechseln Sie die Bank, sobald Ihnen das möglich ist. Informationen über Gehaltskonten, für die keine Kontoführungsgebühren anfallen, finden Sie im Internet. Auch die Arbeiterkammer veröffentlicht regelmäßig Aufstellungen zu diesem Thema.

Bezahlen Sie für Ihre Kreditkarte? Schluss damit! Kreditkarten gibt es auch kostenfrei. Informieren Sie sich bei der Bank oder googeln Sie einfach „Gratis Kreditkarte".

Wenn Sie in glücklichen Lage sind, nicht gegen das Minus auf Ihrem Konto anzukämpfen, sondern daran interessiert sind, Reserven anzulegen, haben Sie vielleicht das eine oder andere Sparbuch. Derzeit ist es eher traurig, wenn man die Habenzinsen ansieht. Am Konto bekommt man teilweise 0,05 Prozent. Also nichts. Deshalb sollte am Konto nicht viel mehr als ein Notgroschen liegen. Oder etwas mehr, wenn eine geplante höhere Ausgabe, wie etwa ein Urlaub oder ein neues Auto ansteht.

Ein klein weniger besser als auf dem Konto ist Ihr Geld auf einem Sparbuch aufgehoben. Sie können sich bei den einzelnen Banken sehr bequem online informieren, wie viel Sie bei welcher Sparform für Ihr Geld bekommen. Auch werden regelmäßig Vergleiche veröffentlicht, sei es in Zeitungen und Zeitschriften oder auch in Wirtschaftsmagazinen im Fernsehen oder bei diversen Anbietern im Internet.

Abgesehen von Sparbüchern gibt es natürlich auch die Möglichkeit, in Aktien oder Fonds oder sonstige Wertpapiere zu investieren. In diesem Fall muss Ihnen aber bewusst sein, dass das Geld auch weniger werden kann. Wenn Sie sich an einen Finanzberater wenden, geht ein Teil Ihres investierten Geldes an diesen. Etwaige Verluste bleiben Ihnen alleine. Sie können sich auch selbst um alles kümmern. Das erfordert aber einiges an Zeit, ein bisschen Know-How und etwas Mut. Auch hier gilt: Informieren Sie sich im Internet, bei welchen Anbietern die Kosten am geringsten sind.

Einnahmen

Ebenso, wie Sie einen Überblick über Ihre Ausgaben haben sollten, sollten Sie Ihre Einnahmen kennen. Dazu zählen Gehalt, Pension, Arbeitslosengeld, Notstandshilfe, Mindestsicherung, Versehrtenrenten, Unterhaltszahlungen (für Sie oder Ihr Kind/Ihre Kinder), Familienbeihilfe usw.

Wenn die Diskrepanz zwischen Einnahmen und Ausgaben zu groß ist, sollten Sie darüber nachdenken, ob Sie neben einer Reduktion der Ausgaben, vielleicht auch eine Erhöhung der Einnahmen erreichen könnten.

Hier ein paar Ideen:

- Durchforsten Sie Ihre Wohnung: Vielleicht finden Sie ungenützte Gegenstände, Kleidung, Schmuck, Bücher, CDs, Geschirr, technische Geräte, Kinderspielzeug usw., für die Sie keine Verwendung mehr haben. Verkaufen Sie es! Am Flohmarkt, bei willhaben, ebay, über Zeitungsinserat, über ein schwarzes Brett. Am besten nur dort, wo keine Gebühren anfallen.

- Haben Sie vielleicht einen ungenutzten Raum? Oder einen, den Sie vorübergehend räumen könnten? Stellen Sie ein Bett, einen Tisch, einen Schrank oder eine Kommode hinein und vermieten Sie ihn. Entweder fix oder gelegentlich (z.B. über Airbnb). Wenn Sie in der Stadt wohnen, können Sie auch an Sprachschulen vermieten. Das bringt kein Vermögen, aber ein nettes „Körberlgeld" kommt allemal zusammen.

- Haben Sie einen Garagenplatz, den Sie nicht brauchen? Vermieten Sie ihn.
- Das gleiche gilt für Stauräume, wie Keller, Schuppen und ähnliches. Speziell rund um Großstädte werden Sie leicht einen Mieter finden. Sehen Sie sich die Preise für Lagerräume, die von professionellen Anbietern verlangt werden, an und bleiben Sie deutlich darunter.
- Machen Sie Ihre Arbeitnehmerveranlagung!
- Wenn sich wo eine Gelegenheit auftut, greifen Sie zu. Auch bei einmaligen Aufträgen, wie einen Text gegen Entgelt Korrekturlesen, einmalig auf einem Markt aushelfen oder auf ein Kind aufpassen.
- Suchen Sie sich einen Nebenjob. Dabei müssen Sie folgende Punkte beachten:
    - Wenn Sie berufstätig sind, dürfen Sie aufgrund der arbeitsrechtlichen Konkurrenzklausel nicht bei einem Mitbewerber Ihres Arbeitgebers arbeiten.
    - Schauen Sie in Ihren Arbeitsvertrag: bestehen Meldepflichten oder gar Nebenbeschäftigungsverbote? Dann können Sie nicht ohne Zustimmung Ihres Arbeitgebers einen Zweitjob annehmen. In diesem Fall müssen Sie Ihren Plan mit Ihrem Chef/Ihrer Chefin abklären.

   - Bei Arbeitslosigkeit können Sie geringfügig dazuverdienen. Das gleiche gilt für den Bezug von Notstandshilfe.
   - Wenn Sie Kinderbetreuungsgeld beziehen, erkundigen Sie sich nach den Zuverdienstgrenzen.
   - Das Gleiche gilt, wenn Sie in Pension sind.
- Melden Sie sich für bezahlte Umfragen im Internet an. Das bringt zwar nur sehr wenig, aber unter dem Motto „Kleinvieh macht auch Mist“ können Sie sich ganz nebenbei ein Taschengeld dazuverdienen.
- Etwas lukrativer ist hier die Teilnahme an Diskussionsrunden. Zu diesen kann man ebenfalls über diverse Anbieter von Meinungsumfragen eingeladen werden.
- Sie haben handwerkliches Geschick? Vielleicht fällt Ihnen etwas ein, das Sie herstellen und auf Märkten oder in Geschäften anbieten können (Hier sind der Phantasie keine Grenzen gesetzt: Taschen, Schmuck, Seifen, Glückwunschkarten, Kleidung, Gürtel, Kerzen).
- Können Sie sonst etwas anbieten? Babysitten, Nachhilfe, Lernen mit Volksschulkindern, Hilfe im Haushalt, Buchhaltung? Im Internet gibt es diverse Plattformen, auf denen man seine Dienste anbieten kann.
- Und nicht zu vergessen: Sollten Sie berufstätig sein und nur in Teilzeit arbeiten, überlegen Sie, ob Sie

vielleicht mehr Stunden arbeiten können. Außerdem besteht grundsätzlich die Möglichkeit, eine Gehaltserhöhung vorzuschlagen (Dabei verwenden Sie nicht das Argument, dass Sie mehr Geld benötigen, sondern heben Sie hervor, was Sie für den Arbeitgeber alles leisten.).

- Grundsätzlich gilt:
  - Seien Sie kreativ. Keine Idee ist zu abwegig um nicht zu Ende gedacht zu werden.
  - Gehen Sie mit offenen Augen durchs Leben. Blättern Sie Postwurfsendungen und Bezirkszeitungen durch. Da finden sich oft interessante Verdienstmöglichkeiten (wie z.B. die Betreuung von Sprachschülern, die Teilnahme an Studien usw.).

Wenn für Sie keine der Möglichkeiten in Frage kommt, lassen Sie den Kopf nicht hängen. Schließlich haben Sie ein Sparbuch in Händen. Es geht also primär um Einsparungen. Sollten Sie zusätzliche Einnahmemöglichkeiten finden, helfen diese, ein Sparziel schneller zu erreichen.

Jetzt geht es aber darum, alle Lebensbereiche auf Sparmöglichkeiten zu durchforsten!

Beim Einkaufen - Grundsätzliche Tipps

- Vermeiden Sie Spontankäufe: Einzige Ausnahme: Sie sehen etwas, was Sie entweder schon lange kaufen wollen oder ohnehin in absehbarer Zeit brauchen, zu einem unschlagbaren Preis.
- Bevor Sie losziehen, machen Sie sich eine Einkaufsliste: Diese ist grundsätzlich einzuhalten. Ausnahme: Bei Lebensmitteln, die ein Supermarkt loswerden muss und die deshalb um 50% reduziert sind, dürfen Sie „zuschlagen". In diesem Fall sollten Sie spontan umdisponieren und den Speiseplan umstellen.
- Kaufen Sie Großpackungen und gestalten Sie den Speiseplan danach, frieren Sie ein, teilen Sie mit Freunden oder konservieren Sie das entsprechende Lebensmittel. Beispielsweise gibt es 5 kg Kartoffel oft zum selben Preis wie 2 kg.
- Kaufen Sie Großpackungen aber nicht aus Prinzip: Vergleichen Sie den Preis pro Kilogramm. Manchmal ist der Kilopreis der kleinen Packung - wenn diese in Aktion ist - niedriger als der der Großpackung.
- Wenn Sie große Strecken mit dem Auto in Kauf nehmen, um einen Aktionsartikel zu kaufen, müssen Sie Benzin und sonstige Kosten mit einkalkulieren.
- Vergessen Sie nicht, Einkaufstaschen mitzunehmen! Für Einkäufe auf dem Heimweg gibt es kleine

faltbare Stofftaschen, die man am besten immer mit dabei hat.

- Alt aber wahr: Gehen Sie nicht hungrig einkaufen. Und falls es sich nicht vermeiden lässt - z.B. weil Sie auf dem Heimweg von der Arbeit sind - halten Sie sich um so strenger an Ihre Einkaufsliste.

- Sie wissen es vermutlich, aber berücksichtigen Sie es auch immer? Ware auf Augenhöhe ist im Normalfall am teuersten. Also: Strecken oder bücken!

- Kaufen Sie vergünstigte Ware in beschädigter Packung. Der Hautcreme ist es vollkommen egal, wenn der Karton rundherum etwas eingedrückt ist.

- Saisonware hat bei Obst und Gemüse Vorrang: Nicht nur die Umwelt sondern auch Ihre Börse wird es Ihnen danken.

- Non-Food-Artikel erhält man außerhalb der Saison am günstigsten. Das Weihnachtsgeschenkpapier im Jänner, die Badeschuhe im Oktober,...Die Händler sind froh, wenn Sie sich die Lagerkosten sparen und Sie sparen sich das teure Weihnachtspapier im nächsten Dezember.

- Suchen Sie Alternativen zu Markenartikel. Die meisten Produkte gibt es mittlerweile auch von günstigen Eigenmarken in fast allen Supermärkten.

- Auch beim Diskonter lohnt es sich, auf den Preis zu schauen. Nicht immer ist es dort am billigsten.

- Nicht verderbliche Waren kaufen Sie auf Vorrat, wenn sie in Aktion sind.
- Versuchen Sie, mitzurechnen. Entweder im Kopf überschlagsmäßig oder ganz genau mit dem Taschenrechner am Handy. So kommt es beim Bezahlen zu keinen bösen Überraschungen.
- Wenn Sie sich Ihre Einkäufe liefern lassen, nützen Sie Aktionen, bei denen die Liefergebühren geschenkt sind oder bestellen Sie so viele Vorräte, dass Sie die Summe erreichen, ab der das Liefern nichts kostet.
- Beim Sammeln von Treuepunkten beachten Sie: beim Sammeln kaufen Sie die Eigenmarken, auf die es keinen Rabatt gibt, beim Einlösen die anderen Artikel.
- Gehen Sie kurz vor Ladenschluss einkaufen. Es kann zwar passieren, dass nicht mehr alles erhältlich ist, dafür werden Sie verderbliche Produkte wie Brot, Milchprodukte, Obst und Gemüse, Wurst oder Fleisch besonders günstig erhalten. Besonders viel wird am Samstag vor Ladenschluss abverkauft, da viele Waren laut Mindesthaltbarkeitsdatum am Montag nicht mehr verkauft werden dürfen.
- Ebenfalls sehr zu empfehlen sind Märkte, kurz vor der Wochenendsperre. Da können Sie sich mit Obst und Gemüse um wenig Geld eindecken.
- Kontrollieren Sie den Kassenbon! Oft kommt es vor, dass Preise falsch in den Kassen sind (abweichend vom ausgezeichneten Preis) oder ein Artikel

irrtümlich doppelt verrechnet wurde. Reklamieren Sie sofort.

- Achten Sie auf das Mindesthaltbarkeitsdatum (außer bei reduzierten Artikeln).

Essen und Trinken

Wir geben jedes Monat eine erkleckliche Summe für Essen und Trinken aus. Und viele von uns definitiv mehr als notwendig ist.

Schon wenn Sie ein paar Grundregeln beachten, können Sie sofort einiges an Geld sparen:

- Essen Sie so selten wie möglich auswärts.
    - Nehmen Sie in die Arbeit vorgekochtes Essen mit (das ist nicht nur viel billiger, sondern vermutlich auch gesünder als das Mittagsmenü beim Wirten).
    - Kochen Sie große Mengen und frieren Sie ein! Es ist nur etwas mehr Arbeit, wenn Sie 4 kg Gulasch machen als 1 kg. Es ist gleich viel Arbeit, egal ob Sie 4 kg Schweinsbraten zubereiten, oder 1 kg. Und der Energieverbrauch und der Zeitaufwand beim Kochen/Braten ist der gleiche. Wenn alles ausgekühlt ist, portionieren Sie die Speisen, so, wie Sie sie dann verwenden wollen. Wenn Sie die Speisen in Tiefkühlsäcken und nicht in Dosen einfrieren, sparen Sie viel Platz. Und was denken Sie, wie groß die Freude ist, wenn Sie mal keine Zeit zum Kochen haben und trotzdem nicht den Lieferdienst rufen müssen.
    - Finger weg von Lieferdiensten! Ja, es ist mitunter sehr bequem, sich das, worauf man Lust hat, einfach kommen zu lassen. Und schon sind 10 bis

20 Euro weg. Besser ist es, immer ausreichend Vorräte zu haben, dass man schnell etwas kochen kann. Oder man achtet darauf, ein paar fertige Speisen, die man auf Vorrat gekocht hat. in der Tiefkühltruhe zu haben. Und für den Fall der Fälle hält man für den ungesunden Hunger ein paar Fertigprodukte auf Vorrat (das ist keine wirkliche Empfehlung!), denn diese sind jedenfalls günstiger als der Lieferdienst.

- Machen Sie sich die Mühe Ihren Kindern eine Jause mitzugeben, anstatt sie in die Schulkantine zu schicken.
- Auch bei Ausflügen macht es oft mehr Spaß, das mitgebrachte Picknick zu verzehren, als am Sonntag im Ausflugslokal eine Stunde oder länger auf das Essen zu warten.
- Sie treffen sich regelmäßig mit Freunden zum Essen im Restaurant? Laden Sie sie einfach zu sich ein. Selbst wenn Sie für 4 Personen kochen, ist es vermutlich günstiger, als allein Ihr Essen im Restaurant. Die Getränke bringen dann vielleicht die Freunde mit. Und eine Gegeneinladung ist auch nicht ganz unwahrscheinlich.
- Wenn Sie mit Kindern unterwegs sind, empfiehlt es sich, immer eine Essensreserve mitzuhaben. Da eignen sich Nüsse, Obst, Kekse, Reiswaffeln u.ä. Denn wenn die Kleinen irgendwo hungrig werden, kann der ungeplante Snack schnell mal recht teuer werden.

- Wenn es dann doch mal ein schickes Essen im Restaurant sein soll: In den meisten Städten gibt es Gutscheinhefte, bei denen es 1 + 1 Aktionen gibt (das günstigere Essen ist gratis).
- Essen Sie im Restaurant nicht unbedingt Nudeln mit Tomatensauce, die Sie um weniger als 1 Euro in wenigen Minuten selbst machen können. Gönnen Sie sich etwas, was Sie selbst nicht kochen würden.
- Sie schaffen im Restaurant nicht die ganze Pizza, das ganze Schnitzel? Bitten Sie darum, dass man Ihnen die Reste einpackt. Oder nehmen Sie gleich selbst einen Behälter mit. Und schon ist das Mittagessen für den nächsten Tag gesichert.

• Werfen Sie kein Essen weg! Selbst wenn Sie noch so günstig eingekauft haben, ist es reine Geldverschwendung, Essen wegzuwerfen. Hier ein paar Tipps zur Vermeidung:
  - Durchforsten Sie regelmäßig Ihre Vorräte und Ihren Kühlschrank um festzustellen, was demnächst abläuft.
  - Legen Sie sich ein paar Rezepte zur Resteverwertung zurecht. Ein paar Ideen dazu finden Sie im Anhang.
  - Werfen Sie nichts weg, nur weil das Mindesthaltbarkeitsdatum überschritten ist. Die meisten Lebensmittel können Sie auch noch lange Zeit danach essen.

    - Frieren Sie Lebensmittel, die Sie nicht rechtzeitig verbrauchen können, ein. Nahezu alles ist dafür geeignet. Wenn Sie bemerken, dass Sie zu viel Brot, Wurst, Käse, Fleisch, Gemüse gekauft haben: ab in die Tiefkühltruhe damit.
    - Kämpfen Sie mit Ihrem Gewicht? Dann legen Sie doch einmal wöchentlich einen Kartoffeltag ein. Sie essen dann über den Tag verteilt 1 kg gekochte oder im Backrohr ohne Fett zubereitete Kartoffel und entlasten dabei Ihren Körper und Ihre Geldbörse (bei einem Tagesbudget von ca. 60 Cent, wenn Sie einen 5-Kilosack kaufen).
- Trinken: Beim Trinken lässt sich besonders viel sparen, sei es zu Hause, sei es im Restaurant.
    - Gewöhnen Sie sich an, zu Hause oder bei der Arbeit Leitungswasser zu trinken. Das ist gesund und kostet (so gut wie) nichts! Langweilig? Dann geben Sie ein paar Spritzer Zitronensaft dazu.
    - Gehen Sie niemals ohne eine Flasche mit Leitungswasser außer Haus. Denn wenn Sie unterwegs Durst bekommen, kostet es Sie schnell mal zwei Euro oder mehr, wenn weit und breit kein Supermarkt ist und Sie beim Würstelstand unterwegs ein Getränk kaufen müssen.
    - Tee ist ebenfalls eine gute und günstige Alternative. Aber nur im Winter? Falls Sie dem Teetrinken in der wärmeren Jahreszeit nichts abgewinnen können, machen Sie doch Ihren eigenen Eistee. Dabei können Sie als Basis so gut

wie jeden Tee verwenden. Ein bisschen Zitronensaft und Zucker oder Süßstoff hinein und ab in den Kühlschrank. Der selbstgemachte Tee kostet nicht nur einen Bruchteil vom fertig gekauften, er ist auch gesünder, wenn Sie beim Süßen entsprechend vorsichtig sind.

- Versuchen Sie Alkohol - wann immer es geht - zu vermeiden. Ihre Geldbörse und Ihre Leber werden es Ihnen danken.
- Im Lokal bezahlen Sie schnell einmal für zwei Gläser Wein oder einen Cocktail genau so viel, wie für eine gute Flasche Wein beim Winzer oder im Supermarkt.
- Bereiten Sie Ihren Kaffee mit einer Kapselmaschine? Schluss damit! Teureren Kaffee gibt es nur im Kaffeehaus. Verbrauchen Sie Ihre Kapseln (oder heben Sie sie für Besuch auf) und stellen Sie auf Kaffeebohnen um. Sie können sich zur Zeit keinen Vollautomaten leisen? Dann kaufen Sie gemahlenen Kaffee (am besten bei der nächsten Aktion gleich mehr mitnehmen) und brühen ihn händisch auf. Und das Geld, das Sie Woche für Woche sparen, weil Sie keine Kapseln mehr kaufen, legen Sie in eine leere Kaffeedose. Spätestens nach einem Jahr können Sie sich einen guten Vollautomaten leisten. Oder Sie haben ohnehin wieder Freude am Filterkaffee gewonnen und bleiben gleich dabei.
- Ihnen wird regelmäßig die Milch sauer, weil Sie sie nur für den Kaffee verwenden? Dann

probieren Sie es doch mal mit H-Milch. Diese hat drei große Vorteile: Sie wird - selbst wenn sie geöffnet ist - nicht so schnell sauer. Sie können Sie sich auf Lager halten und stehen nie wieder vor dem Problem, dass Sie extra wegen der Milch für den Kaffee zum Supermarkt gehen müssen. Und drittens: Regelmäßig gibt es H-Milch-Aktionen, bei denen Sie Ihre Vorräte ums halbe Geld auffüllen können.

Beim Lebensmitteleinkauf

Für den Lebensmitteleinkauf gibt es ein paar Grundregeln zu beachten:

- Gehen Sie niemals hungrig einkaufen.
- Machen Sie einmal pro Woche den Einkauf für die ganze Woche.
- Planen Sie diesen, indem Sie Ihren Speiseplan nach den Aktionen Ihres Supermarktes gestalten.
- Machen Sie sich mit den Preisen vertraut: Sie sollten wissen, wie viel die wichtigsten Produkte Ihres üblichen Einkaufs in der günstigsten Variante kosten. Gemeint sind hier neben Grundnahrungsmitteln, wie Brot, Butter, Milch, sonstigen Milchprodukten, Eier, Nudeln, Reis, Erdäpfeln, auch Produkte, zu denen Sie sonst noch greifen (Kaffee, Tee, Schokocremen, Cerealien, Striezel, Tiefkühlgemüse und Gemüse, Fleisch, Wurst, Käse usw.). Nur so können Sie vermeiden, dass Sie auf vermeintliche Spitzenangebote hereinfallen und zu teuer kaufen. Wenn Sie die Preise nicht im Kopf haben: Kein Problem, speichern Sie sie am Handy oder geben Sie eine Liste in die Geldbörse.
- Kaufen Sie Lebensmittel, die Sie entweder gleich verwenden wollen oder einfrieren können, kurz vor dem Ende des Haltbarkeitsdatum, wenn diese deutlich (am besten 50%ig) reduziert sind. Sie retten

Lebensmittel davor, weggeworfen zu werden und schonen Ihr Budget.

- Wenn Sie kleine Kinder haben, erklären Sie ihnen, dass ein Supermarkt kein Schlaraffenland ist, wo man nur zugreifen braucht. Sollte Ihnen das nicht gelingen, versuchen Sie, ohne die lieben Kleinen einkaufen zu gehen. Das spart Geld und Nerven.
- Bleiben Sie beim Einkauf flexibel: Sie haben etwas auf der Einkaufsliste, was nur noch in der teuersten Variante zu haben ist: Disponieren Sie um. Vielleicht gibt es das Gemüse auch in einer günstigen Tiefkühlversion? Vielleicht lässt sich der geplante Gurkensalat auch durch einen anderen Salat ersetzen?
- Lebensmittel, die lange haltbar sind, wie etwa Nudeln, Reis, getrocknete Hülsenfrüchte, Konservendosen, Grieß, Mehl usw., kaufen Sie grundsätzlich auf Vorrat, wenn Sie in Aktion sind.
- Bei anderen Lebensmitteln sollten Sie bei Aktionen nur zuschlagen, wenn sie eines der Kriterien erfüllen:
  - Sie verwenden sie in nächster Zeit.
  - Sie können sie einfrieren.
  - Sie können sie verarbeiten und dann einfrieren.
  - Sie können sie sonst haltbar machen (ein paar Tipps dazu finden Sie im Anhang 3)

Im Badezimmer

Für Körperpflege investieren wir täglich Zeit und Geld. Wie viele Kosmetikartikel verwenden Sie? Achten Sie dabei auf die Marke? Finden Sie ein Produkt ansprechend, wenn es schön verpackt ist? Verständlich! Es lohnt sich allerdings, seine Gewohnheiten im Bad zu beobachten und zu überdenken. Vieles, was Sie tun, kostet nicht nur Geld, sondern ist auch für die Umwelt eine Belastung.

- Verwenden Sie nach Möglichkeit keine feuchten Kosmetiktücher. Ein Stück Watte mit einem Gesichtsreinigungsmittel tut es auch. Oder vielleicht kommen Sie ab sofort auch einfach mit einem Reinigungsgel aus? Oder sogar mit einer sanften Seife?
- Ein alter Hut, trotzdem muss ich es in einem Sparbuch auch erwähnen: Wenn Sie sich ein Vollbad gönnen, verbrauchen Sie ungleich mehr an (warmem) Wasser. Besser ist es zu duschen. Und am allerbesten wäre es: Wasser aufdrehen, darunter stellen, abdrehen, einseifen, abbrausen. Da können Sie noch einmal jede Menge Wasser sparen. Und nebenbei auch noch Zeit!
- Seife statt Duschgel: Die Umwelt wird es Ihnen danken. Seifen gibt es oft nur in Papier verpackt oder sogar unverpackt zu kaufen. Beim Duschgel kommt im Regelfall keine Firma ohne Kunststoffflasche aus. Außerdem kann man eine Seife viel besser dosieren

und somit hält sie wesentlich länger. Sie sparen Geld und tun was für die Umwelt.

- Drehen Sie das Wasser ab, während Sie die Zähne putzen.
- Den Badezimmerspiegel können Sie grundsätzlich ohne Reinigungsmittel putzen. Besorgen Sie sich ein Mikrofasertuch und wischen Sie über den Spiegel. Ist der Schmutz hartnäckig, befeuchten Sie einen Teil vom Tuch und wischen Sie zuerst feucht, dann trocken über den Spiegel.
- Verbannen Sie Wattestäbchen aus Ihrem Haushalt. Oder zumindest aus Ihren Ohren! So sparen Sie Geld und Müll und schützen Ihre Ohren vor Verletzungen.
- Sie haben eine Mitgliedschaft im Fitnesscenter? Dann duschen Sie dort! Vielleicht können Sie ja sogar dem Gedanken etwas abgewinnen, jeden Morgen für eine halbe Stunde zu trainieren und danach frisch geduscht Ihr Tagwerk zu beginnen. Ihre Gesundheit und Ihre Geldbörse jubeln. Und die Dusche zu Hause müssen Sie auch nicht mehr so oft putzen.

Alles für die Schönheit

Die meisten von uns geben eine ganze Menge für das Aussehen aus. Frauen üblicherweise mehr als Männer. Das beginnt beim Friseur, geht über die Maniküre bis zur Pediküre und endet beim Schönheitschirurgen. Was davon wirklich notwendig ist, entscheiden Sie. Fakt ist, in kaum einem Bereich lässt sich so viel Geld einsparen.

Haare

- Sie gehen regelmäßig zum Friseur? Klar! Ich möchte Ihnen ja auch nicht raten, selbst zur Schere zu greifen. Obwohl...
- Trotzdem können wir einiges tun, um die Kosten pro Jahr zu senken:
    - Sie lassen Ihre Haare alle sechs Wochen schneiden? Versuchen Sie, die Zeitspanne zwischen den Friseurbesuchen etwas auszudehnen. Wenn Sie ab sofort nur alle acht Wochen zum Haareschneiden gehen, sparen Sie zwei Friseurbesuche im Jahr.
    - Haben Sie es schon einmal mit Cut & Go probiert? Die meisten Salons bieten heute an, dass die Kundin die Haare selbst föhnt. Das spart einiges an Geld.
    - Halten Sie die Augen offen, ob in Ihrer Nähe Frisurenmodelle gesucht werden.

- Legen Sie sich eine weniger betreuungsintensive Frisur zu.

- Haarmasken beim Friseur: Es ist gar nicht so einfach, sich gegen die teuren Extras zu wehren. Sagen Sie beim nächsten Mal einfach „Nein danke“, wenn Sie gefragt werden, ob Sie eine Haarmaske wollen. Und schon ist der Friseurbesuch um sieben bis zehn Euro günstiger.

- Verwenden Sie Treuepunkte oder Cashback Systeme: Wenn Sie ohnehin immer zum selben Friseur gehen, zahlt sich Punktesammeln aus.

- Können Sie sich vorstellen, den Friseur zu wechseln? Dann überprüfen Sie mal die Preisliste Ihres Friseurs und vergleichen Sie sie mit der Konkurrenz.

- Haare färben: Für viele ein leidiges Thema. Ich könnte Ihnen raten, auf das Färben zu verzichten. Wäre gut für Ihre Haare, das Sparschwein und die Umwelt. Da ich aber weiß, dass das für viele - insbesondere Frauen - nicht in Frage kommt, rate ich Ihnen ab, die Haare beim Friseur färben zu lassen. Ein Mal Haare färben beim Friseur entspricht preislich mindestens acht mal Haare färben zu Hause. Fragen Sie doch Ihre Freundin, Mutter, Tochter, Kusine, Nachbarin, ob Sie Ihnen behilflich ist. Sie können sich ja mit gleichem revanchieren.

- Kaufen Sie Ihre Haarfarbe, wenn Sie in Aktion ist, auf Vorrat.

- Augenbrauen fassonieren: Weil es so praktisch ist, und man ohnehin schon sehr viel Zeit für den Friseurbesuch investiert, kann man sich ja gleich auch noch die Augenbrauen zupfen lassen. Kann man. Muss man aber nicht. Investieren Sie einmalig in eine Pinzette (die Sie aber vermutlich ohnehin zu Hause haben) und erledigen Sie das - am besten bei hellem Tageslicht - ab sofort einfach selbst.

- Sparen Sie nicht beim Trinkgeld! FriseurInnen bekommen einen vergleichsweise niedrigen Lohn, weil davon ausgegangen wird, dass sie Trinkgeld bekommen.

Maniküre

Wer hat nicht gerne perfekt manikürte Fingernägel? Aber muss es tatsächlich das Nagelstudio sein? Wenn Sie sparen müssen/wollen, streichen Sie die professionelle Maniküre von Ihrer Liste.

Kümmern Sie sich ab sofort selbst liebevoll um Ihre Hände und Nägel.

- Legen Sie sich eine gute Feile zu! Gut heißt nicht teuer. Gute Feilen gibt es schon ab einem Euro.

- Reservieren Sie einen Abend pro Woche für Ihre Maniküre.

- Entfernen Sie eventuell vorhandenen Nagellack.
- Nehmen Sie ein kurzes Handbad im lauwarmen Wasser.
- Schieben Sie die Nagelhaut vorsichtig zurück. Nicht schneiden.
- Dann beginnen Sie mit dem Feilen.
- Wenn Sie Ihre Nägel auch lackieren wollen, nehmen Sie sich dafür - bzw. für das Trocknen des Lacks - ausgiebig Zeit. Vielleicht bei einem guten Film? Zuerst tragen sie den Unterlack auf, lassen ihn trocknen, danach folgt der Nagellack Ihrer Wahl, und zuletzt der Überlack. Achten Sie darauf, dass der Lack komplett trocken ist, bevor Sie etwas angreifen. Sollten Sie über den Nagelrand hinaus gemalt haben: kein Problem. Mit etwas warmem Wasser und ein bisschen schrubben geht der Lack von der Haut ganz einfach weg.
- Tipp: Kaufen Sie nicht zu viele Nagellackfläschchen, da diese mit der Zeit eintrocknen. Bewahren Sie Ihren Lack im Kühlschrank auf.
- Am Ende Ihres Manikürabends steht das Eincremen. Am besten, Sie tragen Ihre Handcreme vor dem Schlafengehen ganz dick auf und ziehen dünne Baumwollhandschuhe darüber. Am nächsten Tag erwachen Sie mit perfekt gepflegten Händen.

Pediküre

Auch die Fußpflege lassen sich einige von uns ganz schön viel kosten. Ich will diese auch gar niemandem ausreden. Insbesondere Menschen, die sich selbst nicht um Ihre Füße kümmern können, sollen nicht über eine Streichung der Pediküre nachdenken. Ebenso Menschen, die schmerzende Stellen, Hühneraugen oder ähnliche Probleme haben, bedürfen professioneller Hilfe. Aber für alle anderen, die - frei nach dem Motto „Man gönnt sich ja sonst nichts“ - regelmäßig 30 Euro ausgeben, wäre der Gedanke, die Fußpflege für einige Zeit auszulassen, zumindest eine Überlegung wert.

Ab sofort heißt es also: Fußpflege findet zu Hause statt. Besorgen Sie sich eine kleine Wanne, ein gutes Fußbadesalz (gibt es in Drogeriemärkten auch von der Eigenmarke), eine Fußcreme, einen Bimsstein oder eine Hornhautraspel, eine Nagelfeile und - falls Sie etwas schwierigere Nägel haben, ein elektrisches Pediküreset. Solche Sets gibt es regelmäßig bei den Diskontern im Angebot und kosten weniger als ein Besuch im Studio.

Beginnen Sie mit einem lauwarmen Fußbad, das etwa 15 Minuten dauert. Danach entfernen Sie die Hornhaut und schieben Ihre Nagelhaut zurück. Mit der Feile (manuell oder elektrisch) kürzen Sie Ihre Nägel. Falls Sie diese lackieren wollen, machen Sie das im nächsten Schritt. Zum Abschluss cremen Sie Ihre Füße dick ein und ziehen dünne Baumwollsöckchen darüber.

Kosmetikerin

Für viele Frauen gehört der Besuch bei der Kosmetikerin einfach dazu. Zugegeben, sich in eine Auszeit zu gönnen und seiner Haut besondere Zuwendung zukommen zu lassen, das hat schon was. Allerdings hat dieses Verwöhnprogramm auch seinen Preis. Und kann bei Bedarf gestrichen werden.

Ist es vielleicht vor allem die Pause, die Ruhe, die Ihnen so viel Geld wert ist? Dann nehmen Sie sich ein Mal im Monat (oder auch öfter) mindestens eine Stunde Zeit, in der Sie für niemanden zur Verfügung stehen, am Handy nicht erreichbar sind und auch nicht zwischendurch das Gulasch umrühren. Das kann am Wochenende sein oder auch mal Abends nach dem Heimkommen. Suchen Sie sich einen Ort, an den Sie sich zurückziehen können. Zünden Sie eine Duftkerze an, bereiten Sie sich einen entspannenden Kräutertee und legen Sie Musik auf, die Sie gerne hören. Und beginnen Sie mit Ihrem Schönheitsprogramm:

- Wie wäre es zu Beginn mit einem Gesichtsdampfbad? Dafür gibt es eigene Geräte. Oder den guten alten Kochtopf. Bevor Sie mit dem Dampfbad beginnen, reinigen Sie Ihre Haut. Dann erhitzen Sie das Wasser, geben einen Teelöffel Salz dazu und lassen Ihr Gesicht - ebenso wie beim Inhalieren - bedampfen. Nach 10 bis 15 Minuten tupfen Sie Ihre Haut vorsichtig trocken. Alternativ zum Salz können Sie auch eine Handvoll Kamillenblüten bei empfindlicher Haut oder ein paar Zweige Rosmarin bei unreiner Haut verwenden.

- Falls Sie eine Badewanne haben, können Sie den nächsten Schritt - nämlich das Auftragen einer

Gesichtsmaske - bei einem entspannenden Vollbad durchführen. Ansonsten eignet sich auch das Schlafzimmer. Achten Sie einfach darauf, dass Sie sich auf sich (und nicht auf Ihr Handy, Ihre Arbeit oder sonst etwas) konzentrieren.

- Während die Badewanne einläuft, schnappen Sie sich eine Pinzette und bringen Sie Ihre Augenbrauen in Form. Das dauert nur wenige Minuten, besonders dann, wenn Sie es regelmäßig machen.

- Das Badewasser versetzen Sie mit einem Zusatz Ihrer Wahl. Wenn Sie auch hier zu Salz greifen wollen, eignet sich Meersalz, das speziell zum Baden verkauft wird. Hierfür müssen Sie nicht viel Geld ausgeben, die meisten Drogeriemärkte verkaufen ein solches als Eigenmarke.

- Tragen Sie eine Gesichtsmaske auf. Sie können zu Fertigmasken aus dem Fachhandel greifen oder sich auch selbst eine zubereiten. So ist zum Beispiel eine Maske aus vier Esslöffeln Topfen (vielleicht haben Sie ja einen im Kühlschrank, der schon abgelaufen ist?) und drei Esslöffeln Honig eine wahre Wohltat für Ihre Haut. Lassen Sie diese mindestens 20 Minuten einwirken und waschen Sie sie mit lauwarmem Wasser ab.

- Zuletzt tragen Sie Ihre Gesichtscreme auf. Nehmen Sie sich dafür mehr Zeit als sonst, indem Sie sie sanft mit den Fingerkuppen einklopfen.

- Genießen Sie solche Stunden regelmäßig. Und freuen Sie sich, dass Sie sich nicht nur sehr viel Geld, sondern auch Fahrzeit gespart haben.

Im Haushalt

Vieles, was wir im Haushalt verwenden, ist überflüssig, kostet Geld und schadet der Umwelt. Hier gilt, wie so oft: Weniger ist mehr!

Es lässt sich bei Putzmitteln ebenso sparen, wie bei Putzutensilien. Und man schont nicht nur die Geldbörse, sondern spart auch Chemikalien und Abfall.

- Verwenden Sie Putzlappen, die wiederverwendbar sind. Es gibt mittlerweile nicht nur Staub- und große Wischtücher aus Mikrofaser, sondern auch kleinere dickere Exemplare zum Geschirrspülen und Wischen in der Küche. Die sehen nett aus und wann immer sie etwas schmutzig wirken, stecken Sie sie in die Waschmaschine. Kaufen Sie einfach bei der nächsten Aktion einen größeren Vorrat und Sie kommen Jahre damit aus.

- Zum Staubwischen gibt es praktische Einwegtücher. Aber Hand aufs Herz: brauchen Sie diese wirklich? Ein Mikrofasertuch, das Sie nach Verwendung ausspülen oder gegebenenfalls in die Waschmaschine stecken, tut es doch auch.

- Werfen Sie gebrauchte Zahnbürsten nicht weg: Sie eignen sich perfekt zum Reinigen von Fugen oder schwer zugänglichen Stellen in Küche oder Bad. Kochen Sie sie einfach aus und schon sind sie vielfältig einsetzbar.

- Verwenden Sie z.B. zum Kartoffelschälen eine Küchenrolle für die Abfälle? Tauschen Sie diese gegen Zeitungspapier (Und wenn Sie keine Zeitung lesen, können Sie auch Werbeprospekte oder ähnliches verwenden.).

- Putzen Sie ohne Putzmittel: Oft genügt es, glatte Oberflächen nur mit einem Kübel Wasser und einem Mikrofasertuch abzuwischen.

- Besitzen Sie auch zehn verschiedene Reiniger? Das kostet nicht nur Geld, sondern verstellt auch jede Menge Platz. In der Regel kommt man mit einigen wenigen Reinigern aus, wie einem Geschirrspülmittel (das können Sie auch in der Küche zum Wischen von klebrigen Arbeitsflächen verwenden), einem Allesreiniger (der, wie der Name schon sagt, eigentlich alles reinigt: Böden, WC, Badewanne, Türstöcke, Kästen, usw. Alternativ können Sie auch mit Schmierseife oder einem selbstgemachten Reinigungsmittel putzen), einem Fensterreiniger, Waschpulver.

- Haben Sie schon einmal etwas mit Zahnpasta geputzt? Der Vorteil ist: sie ist in jedem Haushalt vorhanden, riecht gut und ist nicht aggressiv wie die meisten anderen Putzmittel. Wofür sie sich eignet? Man kann verschmutzte Stellen in der Kleidung - wie etwa Hemdkrägen - mit Zahnpasta einreiben, bevor man sie in die Waschmaschine gibt. Mit Filzstift verzierte Möbel bekommt man mit einem Lappen und etwas Zahnpasta ebenso wieder sauber wie Kinderhände nach dem Malen. Auch zum Polieren von Türschnallen, Silberbesteck oder Wasserhähnen ist Zahnpasta gut geeignet.

- Sie haben den einen oder anderen Wollpulli, den Sie nur mit der Hand waschen (wollen). Da zahlt es sich im Regelfall nicht aus, extra ein Wollwaschmittel zu kaufen. Verwenden Sie einfach ein paar Tropfen Ihres Haarshampoos und waschen Sie ihn mit lauwarmen Wasser. Was Ihren Haaren guttut, ist auch für den Pulli geeignet.

- Ihr Bügeleisen gleitet nicht mehr so über die Wäsche, wie es soll? Dann ist die Sohle verschmutzt. Tränken Sie ein Tuch mit Essig und stellen Sie das Bügeleisen für einige Stunden darauf.

- Haben Sie schon einmal Waschnüsse ausprobiert? Sie sind eine günstige und umweltfreundliche Alternative zu herkömmlichem Waschmittel. Für Weißwäsche und stark verschmutzte Wäsche sind sie allerdings nicht geeignet.

- Noch viel günstiger (und vor allem noch umweltfreundlicher, weil sie nicht importiert werden müssen): Kastanien! Aus diesen können Sie Ihr Waschmittel selbst herstellen. Dafür sammeln Sie 1 kg Kastanien, dabei nur ganze und möglichst trockene verwenden. Diese waschen Sie gründlich mit Wasser. Die noch frischen Kastanien mit einem scharfen Messer vierteln, die Schale entfernen. Jetzt in der Küchenmaschine zerkleinern (Achtung: vorsichtig ausprobieren, nicht alle Maschinen sind dafür geeignet). Die einzelnen Stücke sollten maximal 3 mm groß sein. Die Stücke auf einem Tuch aufbreiten und trocknen lassen (damit sie später nicht schimmeln). Das kann mehrere Tage dauern. Dazwischen immer wieder wenden. Sie können die Stücke auch im Backofen bei geöffneter Türe bei 50 Grad trocknen. Das dauert dann nur etwa vier Stunden. Die getrockneten Kastanienstückchen in ein Schraubglas geben. Um Schimmelbildung vorzubeugen, empfiehlt es sich, ein Säckchen Reis in das Glas zu legen. Wenn Sie Ihre Wäsche waschen wollen, nehmen Sie zwei gehäufte Esslöffel vom Kastanienpulver, übergießen es mit 300 ml kochendem Wasser und lassen das Ganze 30 Minuten ziehen. Dann seihen Sie die Flüssigkeit ab und geben sie direkt ins Waschmittelfach.

- Sie haben Bettwäsche, die schon ein paar dünne Stellen hat? Werfen Sie sie nicht weg. Sie lässt sich noch für einiges verwenden. So können Sie nicht nur Putztücher daraus machen, sondern - wenn Sie sie einsäumen - auch Geschirrtücher.

- Sie verwenden Wegwerfstaubtücher zum Trockenwischen von glatten Böden? Alternativ können Sie über einen Besen eine kaputte Nylonstrumpfhose - die Sie ansonsten wegwerfen würden - stülpen. Auf diese Weise „sammeln" Sie ebenfalls allen Staub ein, der Wunderbesen zieht ihn wie magnetisch an.

- Wäsche reinigen: Achten Sie schon beim Kleidungskauf, dass Sie Ihr neues Stück selbst waschen können. So sparen Sie viel Geld für die professionelle Reinigung.

- Wäsche waschen: Ist Ihre Wäsche nicht besonders verschmutzt, wählen Sie ein möglichst kurzes und nicht zu heißes Programm. In der Regel genügt bei Kleidung eine Waschtemperatur von 30 Grad. Auch beim Waschmittel wird die Wäsche nicht sauberer, wenn Sie besonders viel verwenden. Etwas weniger als vom Hersteller empfohlen ist im Normalfall genau richtig.

- Schalten Sie Ihre Waschmaschine nur ein, wenn Sie voll ist.

- Wenn Sie eine neue Waschmaschine kaufen, achten Sie auf den Wasser- und Energieverbrauch. Dabei zahlt es sich durchaus aus, ein in der Anschaffung etwas teureres Gerät zu kaufen.

- Verzichten Sie auf Weichspüler. Ihre Haut, die Umwelt und Ihre Geldbörse werden es Ihnen danken.

- Verzichten Sie auf einen Trockner. Hängen Sie die Wäsche - wenn möglich im Freien - auf und Sie sparen viel Strom. Und ein großes Gerät.

- Kaufen Sie Müllsäcke für Ihren Mistkübel? Kann man machen, muss man aber nicht. Alternativ (billiger und umweltfreundlicher) können Sie Ihren Mülleimer mit Zeitungspapier auslegen. Dann können Sie zwar nicht den Sack auf dem Weg in die Arbeit in den Müllcontainer werfen (kann man auch so nicht immer, weil manchmal reißt er oder hat eine undichte Stelle), sondern müssen extra gehen. Dafür sparen Sie Geld und extra Müll.

- Es ist nicht nötig, Entkalker für diverse Küchengeräte, wie etwa Wasserkocher oder Kaffeemaschine zu kaufen. Einfache Zitronensäure reicht vollkommen aus. Und mit dem verwendeten Zitronensäuregemisch können Sie auch gleich den Abfluss in Bad oder Küche reinigen. Einfach zustoppeln, eingießen und einige Zeit einwirken lassen.

- Träumen Sie von einer Reinigungshilfe? Verständlich! Die Wohnung zu putzen ist harte Arbeit, beginnt man in einem Eck, fallen einem gleich tausend andere Sachen ein, die erledigt gehörten. Hier zwei Vorschläge, die Ihren Putzalltag vielleicht erleichtern können:

  Für den Großputz laden Sie ein paar Freunde ein. Machen Sie Musik und teilen Sie die Arbeit auf. Eine Möglichkeit ist nach Räumen, die anderen nach Aufgaben (Boden reinigen, Staubwischen, Kästen auswischen, Küchengeräte wie Kaffeemaschine, Backofen, Kühlschrank usw. reinigen, Vorhänge waschen, Fenster putzen, Türen abwischen, Wände und Sesselleisten von Staub befreien, Sofa saugen, Pflanzen versorgen, Waschbecken und Badewanne schrubben, Fließen abwischen, Klo innen und außen putzen, Fronten der Küchenkästen wischen usw.). Am besten erstellen Sie vorher eine Liste, was alles zu tun ist und teilen Sie das auf die einzelnen Helferlein auf. Jeder im Putztrupp kommt einmal pro Jahr in den Genuss eines solchen Großputzes.

Alternativ können Sie auch einen Wohnungstausch mit einer Freundin/einem Freund durchführen: Sie verabreden einen Zeitraum (z.B. Samstag von 9 bis 12 Uhr), in dem Sie die Wohnungen putzen. Und zwar die vom jeweils anderen. Was das bringen soll? In den eigenen vier Wänden neigt man dazu, sich zu verzetteln. Da fällt einem auf, dass die eine Grünpflanze ein paar braune Blätter hat, die ganz dringend abgeschnitten gehören. Dass man die Gewürze im Gewürzregal alphabetisch ordnen möchte. Oder man „stolpert" über ein Buch, das man einer Freundin borgen wollte, die man natürlich jetzt sofort anrufen muss. Und schon sind zwei Stunden vergangen und man hat noch nicht einmal angefangen. In einer „fremden" Wohnung konzentriert man sich auf das Eigentliche, nämlich das Putzen. Und wenn Sie vorher vereinbaren, was alles erledigt sein soll, werden Sie es alleine schon deshalb schaffen, weil Sie Wort halten wollen. Und Sie werden staunen, was man in drei oder vier Stunden alles fertig bringt.

- Reinigen Sie Ihr Backrohr oder angebrannte Pfannen mit Kaffeesatz. Wirkt wie Scheuerpulver, enthält aber keine schädlichen Chemikalien und kostet keinen Cent.
- Probieren Sie auch bei Ihrer Geschirrspülmaschine das Kurzprogramm. Bei normalen Verschmutzungen wird Ihr Geschirr auch damit sauber.
- Schalten Sie den Geschirrspüler nur ein, wenn er voll ist.

- Vergleichen Sie die Preise der Geschirrspülmittel. Markenprodukte sind hier oft bis zu drei Mal so teuer. Im Regelfall sind Tabs teurer als Pulver, außerdem kann man das Pulver besser dosieren und etwas weniger verwenden.

Beim Wohnen

Beim Wohnen denken wir einerseits an die Kosten des Wohnens, wie etwa die Miete, Heizung oder Strom, anderseits an die Einrichtung, Ausstattung, Gemütlichkeit unserer vier Wände.

In beiden Fällen gilt es zu überlegen, ob man zu viel Geld ausgibt.

Die **Miete**, die Sie monatlich zahlen, bringt Sie jedes Mal an Ihre finanziellen Grenzen? Dann sollten Sie daran etwas ändern.

- Schauen Sie sich nach einer alternativen Wohnmöglichkeit um. Vielleicht tut es ja - bis Sie sich finanziell etwas erholt haben - auch ein Zimmer in einer WG oder ein Untermietzimmer.
- Haben Sie vielleicht in Ihrer jetzigen Wohnung ein Zimmer, das leer steht oder dass Sie - zumindest für eine bestimmte Zeit - freiräumen können? Dann machen Sie das und suchen Sie sich einen Mitbewohner.
- Eventuell wird es ja sogar günstiger, wenn Sie sich eine größere Wohnung und ein bis zwei dazugehörige Mitbewohner suchen. Denn dann teilen Sie nicht nur die Miete, sondern auch alle anderen Kosten, wie etwa Strom, Gas, Haushaltsversicherung, Rundfunkgebühren, Internetkosten usw.

- Wenn Sie eine neue Wohnung suchen, achten Sie darauf, direkt vom Vermieter zu mieten. So sparen Sie einige hunderte Euro an Maklerprovision.
- Lassen Sie Ihre Miete überprüfen. Im Mietrechtsgesetz sind Mietobergrenzen festgelegt. Wenn Ihnen zu viel verrechnet wurde, können Sie die Überzahlung zurückverlangen.
- Wenn Sie keine Schulden mehr haben und etwas zur Seiten gelegt haben, können Sie darüber nachdenken, ob Sie sich eine Eigentumswohnung leisten können. Das ist dann sinnvoll, wenn Sie dauerhaft an einem Ort bleiben wollen und davon ausgehen, dass sich Ihre Wohnbedürfnisse über sehr lange Zeit nicht ändern werden. Sie brauchen auf jeden Fall ein – je nach Preis der Wohnung – Eigenkapital. In weiterer Folge bezahlen Sie nur noch die Betriebskosten und an Stelle der Miete die Kreditraten. Da Wohnungen (und natürlich auch Häuser) zur Zeit sehr hochpreisig sind, ist es empfehlenswert sich über geförderte Projekte zu informieren.
- Wenn Sie über Eigentum nachdenken, empfiehlt es sich, mit offenen Ohren durch die Gegend zu gehen und das Kaufinteresse möglichst im Bekanntenkreis kundzutun. Denn vielleicht kennt ja jemand jemanden, der jemanden kennt…Und dieser jemand will gerade verkaufen. Und weil es schnell gehen soll, ist der Preis auch noch verhandelbar.
- Eine weitere Variante wäre, auf Leibrente zu kaufen. Die Möglichkeiten dazu sind nicht allzu häufig, trotzdem empfiehlt es sich, die Augen offen zu halten.

Abgesehen von der Miete, fallen regelmäßig Kosten wie etwa für **Strom** oder Heizung an.

- Vergleichen Sie Stromanbieter. Diese haben oft unterschiedliche Tarife, die sich aus dem Grundtarif und den tatsächlichen Energiekosten zusammensetzen. Je nachdem, ob Sie eher wenig Strom verbrauchen, etwa weil Sie alleine leben, oder eher mehr, sollten Sie darauf achten, bei welchem der beiden Kostenpunkte Sie sparen können.

- Unabhängig davon, welchen Stromanbieter Sie haben: Überlegen Sie, was besonders viel Energie verbraucht und wie Sie diese Verursacher austauschen oder beseitigen können.

- Alte Elektrogeräte, wie etwa Kühlschränke, Gefrierschränke oder Waschmaschinen sind oft wahre Energiefresser. Vielleicht können Sie diese sukzessive austauschen. Achten Sie beim Kauf auf die Energieeffizienz.

- Beim Kühlschrank ist es auch relevant, an welchem Ort er steht. Neben dem Ofen oder in der prallen Sonne ist sehr ungünstig, da er dann zum Kühlen weit mehr Energie verbraucht.

- Behalten Sie in Ihrem Kühlschrank und in Ihrem Gefriergerät den Überblick! Denn je länger die Türe beim Herausnehmen (oder Suchen) von Lebensmitteln offen bleibt, umso mehr Energie wird verbraucht.

- Stellen Sie keine warmen Lebensmittel in den Kühlschrank. Lassen Sie sie vorher abkühlen.

- Sollten Sie länger abwesend sein, drehen Sie den Kühlschrank auf die kleinste Stufe. Oder schalten Sie Ihn ganz aus.
- Achten Sie darauf, dass die Türdichtungen in Ordnung sind.
- Stellen Sie Lebensmittel nur gut verpackt in den Kühlschrank. Denn wenn Feuchtigkeit abgegeben wird, vereist das Gerät schneller und verbraucht dann in weiterer Folge mehr Strom.
- Das gleiche gilt für den Gefrierschrank.
- Wenn Sie eine Eisschicht in einem Ihrer Kühlgeräte entdecken, tauen Sie dieses ab.
- Die Waschmaschine verbraucht einiges an Strom. Verzichten Sie auf Vorwäsche. Steigen Sie auf niedrigere Temperaturen um (im Normalfall genügen 30 bis 60 Grad). Und schalten Sie die Maschine nur ein, wenn Sie voll ist.
- Ein Wäschetrockner verbraucht ganz besonders viel Energie. Vielleicht können Sie auf einen solchen ganz verzichten und die Wäsche auf dem Wäscheständer trocknen lassen?
- Auch die Geschirrspülmaschine sollte man nur einschalten, wenn Sie voll ist. Und auch hier gilt: Probieren Sie einmal ein kürzeres Programm. Vielleicht wird das Geschirr ja auch hier schon sauber?

- Wasser im Wasserkocher zum Sieden bringen, benötigt viel weniger Energie als am Herd. Füllen Sie aber nur so viel Wasser ein, wie Sie tatsächlich brauchen (bzw. so viel, wie als Mindestfüllmenge angegeben ist).

- Drehen Sie Geräte, die sie nicht brauchen, ab. Auch der Standbymodus verbraucht Energie. Zur Orientierung: immer wenn irgendwo noch ein Lämpchen leuchtet, wird Strom verbraucht.

- Das gleiche gilt fürs Licht. Wenn Sie sich in einem Raum längere Zeit nicht aufhalten, schalten Sie das Licht aus.

- Lassen Sie den Fernsehapparat aus Gewohnheit nebenbei laufen, auch wenn Sie gar nicht hinsehen? Telefonieren Sie stundenlang bei aufgedrehtem - nur auf stumm geschaltetem - Gerät? Schluss damit!

- Steigen Sie auf Energiesparlampen oder LED-Lampen um. Diese sind zwar in der Anschaffung teurer, rechnen sich aber jedenfalls.

- Wenn Sie Erdäpfel oder Gemüse kochen, nehmen Sie nur so viel Wasser, wie nötig.

- Verwenden Sie einen zum Topf oder zur Pfanne passenden Deckel.

- Achten Sie darauf, dass das Kochgeschirr die für die Herdplatte passende Größe hat.

- Nutzen Sie die Restwärme. Z.B. können Sie den Herd beim Kochen von Erdäpfeln schon einige Minuten vor dem Ende der Garzeit abdrehen.
- Ein Schnellkochtopf spart bis zu 50% Energie.

In den meisten Haushalten gehören die **Heizkosten** zu den größten Ausgaben. Das legt nahe, dass hier einiges eingespart werden kann:

- Verbarrikadieren Sie Ihre Heizkörper nicht mit Möbeln.
- Für die Raumtemperatur gilt: Schon ein Grad weniger spart Geld!
- Wenn Ihnen kühl ist, drehen Sie nicht gleich die Heizung größer. Probieren Sie es mit einem Paar dicken Socken, einem warmen Pulli, einem Schal und einer Tasse Tee. Abends beim Fernsehen oder Lesen, wo einem aufgrund des langen Sitzens schnell kalt wird, empfiehlt sich eine Kuscheldecke oder ähnliches.
- Apropos langes Sitzen: Abgesehen davon, dass einem kalt wird, wenn man sich länger nicht bewegt, ist es auch nicht gesund. Stehen Sie also mindestens einmal pro Stunde auf und machen Sie ein paar Kniebeugen, laufen auf dem Stand oder gehen ein paar Mal die Stufen rauf und runter.
- Im Schlafzimmer soll es nicht über 16 bis 17 Grad haben. Alles darüber ist einem guten Schlaf nicht zuträglich. Wenn Ihnen beim zu Bett gehen kalt ist, nehmen Sie eine Wärmeflasche oder ein gewärmtes

Kirschkernsäckchen mit. Und investieren Sie in eine gute Decke und einen flauschigen Pyjama.

- Regelmäßiges Lüften ist gerade im Winter sehr wichtig, um Schimmelbildung zu vermeiden. Dabei gilt: Halten Sie die Fenster nicht längere Zeit gekippt, sondern öffnen Sie mehrmals am Tag die Fenster für einige Minuten ganz.
- Vor dem Lüften drehen Sie die Heizung herunter.
- Achten Sie darauf, dass die Fenster und Türen abgedichtet sind und nicht ständig kalte Luft hereinströmt.
- Auch Vorhänge und Jalousien helfen die Wärme im Gebäude zu halten - schließen Sie sie in der Nacht.
- Achten Sie darauf, dass Räume während der Nacht oder während Ihrer Abwesenheit nicht zu stark auskühlen. Denn das kostet mehr Energie, als wenn Sie eine gewisse Mindesttemperatur erhalten. Als Faustregel gilt: In der Nacht kann man um ca. fünf Grad absenken, bei Abwesenheit auf ca. 15 Grad.
- Schmutzige, verstaubte Heizkörper kosten Energie. Reinigen Sie sie also regelmäßig!
- Wenn Sie Räume unterschiedlich warm beheizen, schließen Sie die Türen zwischen diesen.

Ein Trend, der in den letzten Jahren immer größer wurde, ist die Verwendung von **Klimageräten** auch in privaten Wohnungen. Überlegen Sie sich eine solche Anschaffung gut. Abgesehen von den Anschaffungskosten verbraucht ein solches Gerät wirklich viele viele Euros. Alternativ können

Sie den paar wirklich heißen Wochen im Sommer wie folgt begegnen:

- Schließen Sie die Fenster untertags, wenn es draußen heiß ist.
- Nachts oder in den frühen Morgenstunden öffnen Sie mehrere Fenster, damit die kühle Luft durchziehen kann.
- Schließen Sie die Jalousien oder ziehen Sie die Vorhänge vor, bevor die Sonne auf das Fenster scheint.
- Noch besser sind Außenjalousien.
- Drehen Sie alle elektronischen Geräte ab, die Sie gerade nicht unbedingt benötigen. Computer, Fernsehapparate, Waschmaschinen und Geschirrspüler tragen zur Erwärmung der Wohnung bei.
- Halten Sie sich an den heißesten Tagen mit Kochen und Backen zurück.
- Pflanzen verbessern das Raumklima und helfen mit, die Temperatur zu senken.
- Duschen Sie nur kurz und nicht zu heiß, so sparen Sie jede Menge Dampf.
- Ventilatoren verschaffen eine gewisse Linderung.
- Hängen Sie nasse Tücher auf – besonders in der Nacht, falls Sie vor Hitze nur schwer schlafen können. So entsteht Verdunstungskälte, die hilft, die Temperatur zu senken.

- Besonders angenehm die Kombination der beiden letztgenannten Punkte: Hängen Sie ein oder mehrere feuchte Tücher auf und stellen Sie einen Ventilator direkt dahinter.

Erst wenn wir die Wohnung für uns gemütlich eingerichtet haben, fühlen wir uns darin richtig wohl. Dabei ist es definitiv nicht notwendig, Unsummen an Geld für **Einrichtung** und Accessoires auszugeben.

Gerade bei Möbeln kann man nahezu kostenfrei durchkommen. Suchen Sie im Internet, beim Sperrmüll oder auf Flohmärkten nach alten Teilen. Vielleicht haben Sie ja ein wenig handwerkliches Geschick und Sie schleifen Holzmöbel ab und lackieren Sie ganz nach Ihrem Geschmack. Dann haben Sie ein ganz besonderes und individuelles Einzelstück. Sehr oft bekommt man Möbel gratis, wenn man den Abtransport übernimmt. Sogar ganze Küchen kann man dabei erhalten, vorausgesetzt man baut sie selbst ab.

Mit ein wenig Farbe an den Wänden wirkt selbst eine abgewohnte Wohnung gleich wieder wie neu. Dafür braucht es nicht einmal handwerkliches Geschick, eine Walze, Farbe und Material zum Abdecken genügen vollkommen. Wer es noch schöner haben will, lackiert auch die Türstöcke neu.

Teppiche machen ein Zimmer nicht nur wohnlicher, sondern auch wärmer. Schauen Sie sich um, auch hier kann man - speziell bei Räumungsverkäufen - ganz tolle Schnäppchen machen.

Lampen sind teuer. Zumeist. Auch hier wird man auf Flohmärkten oft fündig. Oder Sie nehmen ganz einfache, unauffällige Lampenschirme, die Sie dann sukzessive austauschen, wenn Sie das nötige Geld beisammen haben.

Was jede Wohnung sofort heimeliger macht, sind Pflanzen. Dabei müssen Sie keine hunderte Euros ausgeben. Auch Pflanzen werden aus Platzgründen oft verschenkt. Sie können auch im Freundes- und Bekanntenkreis fragen, ob Ihnen jemand einen Ableger abgeben kann. Hier brauchen Sie zwar etwas Geduld, bis die Pflanze eine bestimmte Größe erreicht hat, dafür haben Sie eine ganz besondere Beziehung zu ihr, weil Sie sie ja quasi großgezogen haben. In manchen Geschäften - schauen Sie doch mal in einen Baumarkt - werden noch sehr kleine Pflanzen in Minitöpfchen um wenige Euro verkauft. Mit ein bisschen Erde, einem größeren Topf und etwas Geduld haben Sie bald wunderschöne Zimmerpflanzen.

Kahle Wände machen Ihre Wohnung ungemütlich?

Abgesehen von Regalen, von denen man im Regelfall nicht genug haben kann, bringen einige Bilder gleich ein ganz anderes Wohngefühl. Sie können sich keine „richtige" Kunst leisten? Vielleicht schauen Sie ja mal bei einem Kunstsupermarkt oder etwas ähnlichem vorbei? Hier bieten junge, noch gänzlich unbekannte Künstler, ihre Exponate zu erschwinglichen Preisen an.

Zusammenfassend lässt sich sagen, dass Wohnen das ist, wofür man üblicherweise am meisten ausgibt. Und genau deshalb liegt hier auch das größte Einsparungspotenzial. Gehen Sie einfach mal alle Punkte durch, vielleicht finden Sie ja die eine oder andere Anregung.

Mobilität

Wie Sie sich fortbewegen, hängt von einer Vielzahl von Faktoren ab, wie etwa, ob Sie in der Stadt oder auf dem Land leben, ob Sie (kleine) Kinder haben oder wie Ihre körperliche Fitness ist. Aber in jedem dieser Fälle lohnt es sich, die Kosten, die für die Mobilität aufgewendet werden, von Grund auf zu überdenken.

Sie besitzen ein Auto?

Wenn Sie auf dem Land leben und es keine öffentlichen Verkehrsmittel gibt oder diese nur im 2-Stunden-Takt fahren, ist es mehr als legitim, ein eigenes Auto besitzen zu wollen.

Nichtsdestotrotz sollten Sie sich ein paar Fragen stellen:

- Ist für mich die Nutzung öffentlicher Verkehrsmittel - eventuell mit kleinen Zeiteinbußen und größerem Planungsaufwand - möglich?
- Wie groß sind die Strecken, die ich üblicherweise zurücklege?
- Wofür und wie häufig benötige ich mein Auto?
- Kenne ich Leute in der Umgebung, die ähnliche Wege fahren?
- Kann ich die Nutzung meines Autos reduzieren?
- Was kostet mich mein Auto TATSÄCHLICH?

Fangen wir mit dem letzten Punkt an: Die meisten Menschen, die ich kenne, neigen bei der Berechnung der

Autokosten zu einer rosaroten Brille. Da werden Benzinkosten und Versicherungskosten genannt. Das war's. Die wenigsten rechnen Anschaffungskosten und Reparaturen ehrlich anteilig zu den monatlichen Kosten hinzu. Und auf Kosten wie Garage, Vignette, Parkgebühren oder Strafzettel wird dann sowieso vergessen. Die Wirtschaftszeitung Trend veröffentlichte 2018 eine Studie, die die Kosten für diverse europäische Länder untersuchte. Dabei lagen die durchschnittlichen Kosten für einen Klein- oder Mittelwagen (Benziner) in Österreich monatlich bei 538 Euro (Deutschland: 515 Euro). Parkgebühren oder Garagenkosten sind in dieser Berechnung ebenfalls nicht enthalten.

Wenn Sie sich diese Kosten einmal in aller Ruhe durch den Kopf gehen lassen, sind Sie vielleicht eher bereit, über Alternativen nachzudenken.

Klar, wenn Sie in einer Stadt leben, können Sie leicht auf ein Auto verzichten. Öffentliche Verkehrsmittel sind für den täglichen Bedarf immer günstiger als ein eigenes Auto. So bezahlt man für eine Jahreskarte für den innerstädtischen Bereich in Wien pro Jahr deutlich weniger als der Durchschnittsautofahrer für sein Auto pro Monat.

Wenn die Wege, die Sie täglich zurücklegen, eher kurz sind, sollten Sie ernsthaft über die Nutzung eines Fahrrades bzw. Elektrofahrrades nachdenken. Bei kurzen Strecken sind Sie damit oft um nichts langsamer als mit dem Auto oder mit dem Bus, weil Sie sich Parkplatzsuchen bzw. Wartezeiten ersparen. Und dass das Fahrrad umweltfreundlich ist, brauche ich wohl nicht extra zu erwähnen. Ganz zu schweigen von Ihrer körperlichen Fitness, die sich nach einiger Zeit unweigerlich verbessern wird.

Alternativ können Sie auch überlegen, zu Fuß zu gehen. Das ist heutzutage nicht mehr sehr in Mode. Aber gerade für kurze Strecken eine gute Alternative. Speziell für kurze Arbeitswege empfiehlt sich der Fußmarsch. Vor der Arbeit, um vor dem langen Bürositzen noch etwas Bewegung und Luft zu bekommen, nach der Arbeit um den Kopf frei zu bekommen und etwas Abstand zu gewinnen.

Sind die Strecken, die Sie regelmäßig zurücklegen, zu lange, um auf das Fahrrad oder den Spaziergang umzusteigen? Dann hören Sie sich doch einmal um, ob es Leute in Ihrer Umgebung gibt, die einen ähnlichen Weg haben. Oder hängen Sie diesbezügliche Nachrichten an das schwarze Brett Ihres Supermarktes. Posten Sie Ihre Suche im Internet. Oder im firmeninternen Intranet. Erzählen Sie Ihren Plan Freunden und bitten Sie sie, sich umzuhören. Wäre doch gelacht, wenn sich niemand findet, mit dem Sie eine Fahrgemeinschaft zur Arbeit bilden können. Hier gibt es verschiedene Möglichkeiten: 1. Sie wechseln sich ab. Einmal fährt der Eine, dann der Andere. Je nachdem ob Sie zwei, drei oder gar vier Personen sind, die sich zusammenschließen, kommen Sie häufiger oder seltener dran. Oder 2. Sie fahren selbst nicht (und verkaufen Ihr Auto) und beteiligen sich an den Kosten. So oder so: Sie werden eine Menge Geld sparen.

Wofür benötigen Sie Ihr Auto denn tatsächlich? Sollten Sie Ihr Auto nicht für den täglichen Arbeitsweg benötigen, überlegen Sie, wie oft und wofür Sie Ihr Auto verwenden. Ich kenne Frauen, die haben ein Auto, um damit ein Mal die Woche zum Einkaufen zu fahren. Das ist wahrer Luxus. Da käme es weit billiger, jedes Mal mit dem Taxi zu fahren. Oder sich die Einkäufe vom Supermarkt liefern zu lassen (Das ist ab einer gewissen Einkaufssumme in der Regel sogar gratis.).

Wenn Sie Ihr Auto also nur ab und zu brauchen, denken Sie einmal über Alternativen nach. Vielleicht kommt Carsharing für Sie in Betracht? Nein? Weil es in Ihrer Nähe keinen Anbieter gibt? Haben Sie schon einmal in Erwägung gezogen, privat ein Auto zu teilen? Mit ein, zwei Freunden. Mit der Schwester, Mutter, Tochter? Mit der Nachbarin? Wichtig ist in diesem Fall, dass Sie genaue Regelungen über Kosten, Nutzenintensität, Zeiteinteilung und ähnliches treffen.

All das kommt für Sie nicht in Frage? Dann versuchen Sie die Kosten für Ihr Auto zu senken. Je weniger Sie fahren, desto weniger geben Sie für Ihr Auto aus. Vielleicht können Sie Ihre Wege optimieren, indem Sie - wenn Sie schon unterwegs sind - gleich mehrere Dinge auf einmal erledigen. Planen Sie die zu fahrende Strecke im Vorfeld. Vielleicht können Sie Strecken einsparen, indem Sie sie mit dem Fahrrad oder zu Fuß erledigen. Oder Sie wechseln sich, wenn es zum Beispiel darum geht, die Kinder in die Schule, zum Fußballverein oder zum Schwimmtraining zu bringen, mit anderen Eltern als „Taxi“ ab.

Beim Fahren selbst, können Sie den Spritverbrauch bis zu einem gewissen Maß beeinflussen:

- Fahren Sie Ihr Auto schonend warm: Im kalten Zustand verbraucht es mehr Sprit.
- Versuchen Sie konstant zu fahren, ständiges Beschleunigen und Abbremsen verbraucht mehr

Kraftstoff und tut auch sonst dem Auto nicht sonderlich gut.

- Vermeiden Sie unnötige Lasten. Je mehr Gewicht Sie „an Bord" haben, desto schneller ist Ihr Tank leer. Besonders negativ schlagen Dachboxen und Fahrradträger zu Buche. Montieren Sie diese ab, wenn Sie sie nicht benötigen.
- Verwenden Sie Standheizung und Klimaanlage nur, wenn es notwendig ist.
- Auch die Art wie Sie schalten, beeinflusst Ihren Kraftstoffverbrauch. Am günstigsten fahren Sie, indem Sie so früh wie möglich hochschalten.
- Achten Sie auf Ihren Reifendruck: Zu wenig Luft im Reifen bedeutet, dass Ihr Tank schneller leer ist.
- Stellen Sie Ihren Motor ab, wenn Sie davon ausgehen, dass Sie länger stehen müssen. Dies gilt insbesondere an Bahnübergängen.
- Versuchen Sie Staus zu vermeiden! Und zwar indem Sie einerseits Navis verwenden und dem Stau rechtzeitig ausweichen. Und andererseits, indem Sie azyklisch fahren. Also nicht dann, wenn alle fahren. Das geht im Alltag nicht immer. Aber bei der langen Urlaubsfahrt, sollte sich das machen lassen.

Geld sparen beim Tanken:

- Beobachten Sie eine Zeit lang die Spritpreise der Tankstellen in Ihrer Nähe. Manche sind tendenziell günstiger als andere.

- Fahren Sie nicht zig Kilometer, nur um ein paar Cent zu sparen.
- Beobachtungen haben ergeben, dass kurz vor dem Wochenende Benzin- und Dieselpreise steigen und dass Tanken am Sonntag und Montagvormittag am günstigsten ist.
- Wenn Sie mit dem Auto ins Ausland fahren, erkundigen Sie sich über die dortige Preissituation. Ist der Sprit dort teurer, versuchen Sie noch kurz vor der Grenze einmal vollzutanken.
- Vermeiden Sie Autobahntankstellen. Diese sind immer teurer.

Jetzt aber genug vom Auto. Mobilität bedeutet ja nicht ausschließlich Autofahren. Auch zu Fuß gehen, mit dem Bus fahren, das Rad benutzen oder sich mit einen E-Scooter fortbewegen, sind mögliche Arten um vom A nach B zu kommen.

Wenn Sie öffentliche Verkehrsmittel verwenden wollen, gilt es zunächst, die Häufigkeit der voraussichtlichen Nutzung zu eruieren. Denn danach richten sich die Überlegungen, ob sich eine Wochen-, Monats- oder gar Jahreskarte auszahlt. Wenn Sie selten unterwegs sind, erkundigen Sie sich nach Ermäßigungen.

Sie haben kein Fahrrad und wollen es primär als Fortbewegungsmittel verwenden? Dann sollten Sie sich den Kauf eines gebrauchten Rades überlegen. Hier können Sie richtig Geld sparen. Schauen Sie auf Aushänge in der Umgebung oder im Internet. Viele Fahrradgeschäfte verkaufen ebenfalls gebrauchte und in Stand gesetzte

Alträder. Da haben Sie dann die Sicherheit, dass alles kontrolliert wurde.

Die Anschaffung eines E-Scooters sollten Sie vor allem dann überlegen, wenn Sie größere Gehstrecken zurückzulegen haben und Zeit sparen wollen. Oder wenn Sie Fußwege mit öffentlichen Verkehrsmitteln kombinieren wollen. Denn die Mitnahme eines Scooters in einem solchen ist in der Regel einfacher als die eines Fahrrades. Und vielleicht können Sie einen E-Scooter vorher einmal ausprobieren, ob Sie sich damit überhaupt wohlfühlen. Nicht, dass Sie einen kaufen und er dann bloß herumsteht.

Zusammenfassend lässt sich sagen, dass bei Mobilität einiges an Geld gespart werden kann. Und dass Sie sich das Halten eines Autos durch den Kopf gehen lassen sollten, wenn Sie dieses nicht unbedingt brauchen.

Kleidung

Besitzen Sie auch einen Kasten voll Kleidung und haben nichts zum Anziehen? Damit sind Sie nicht alleine. Viele Menschen - vor allem Frauen - haben das Gefühl, in Ihrem Kleiderschrank nie das Passende zu finden.

Oder haben Sie Kinder, die ständig neue Sachen brauchen, weil Sie - kaum, dass Sie etwas gekauft haben - schon wieder raus gewachsen sind?

Oder versuchen Sie, bei Modetrends immer mitzuhalten?

Gerade bei der Kleidung gilt der vielzitierte Grundsatz „Weniger ist mehr". Aber jetzt einmal der Reihe nach. Widmen wir uns zunächst den lieben Kleinen.

Kinder

Bei Kindern hat man oft tatsächlich das Gefühl, dass man mit dem Kleidung kaufen kaum nachkommt. Und das geht ganz schön ins Geld. Muss es aber nicht!

Fangen wir bei den Kleinsten an: Ein Baby hat manche Kleidungsstücke tatsächlich nur ein paar Wochen, bevor sie zu klein sind. Manchmal passiert es sogar, dass man - speziell bei geschenkten Teilen - diese noch etwas liegen lassen muss, weil sie zum Zeitpunkt der Anschaffung noch zu groß waren. Dann kramt man sie wieder hervor und schon passen Sie nicht mehr. Hier ein paar Tipps für die Ausstattung von Babys:

- Kaufen Sie nicht zu viel! Gerade bei Eltern von Neugeborenen ist die Euphorie besonders groß. Man will das Beste, Schönste und Genug von allem. Was dann dazu führt, dass man eigentlich zu viel hat. Überlegen Sie, wie viele Strampler Sie tatsächlich für Ihren Nachwuchs benötigen. Dabei kommt es darauf an, ob er sich manchmal übergibt. Und wie oft Sie Wäsche waschen. Das können Sie ausrechnen. Und dann schauen Sie, dass Sie für den ganz großen Katastrophenfall noch ein bis zwei Teile in Reserve haben.

- Keine falsche Bescheidenheit! Werden Sie nach der Geburt Ihres Kindes gefragt, was es zum Anziehen benötigt, scheuen Sie sich nicht, das vorzuschlagen, was Sie wirklich brauchen können. Sonst bekommen Sie nämlich das, was andere glauben, was Sie brauchen könnten. Und das muss nicht immer deckungsgleich sein.

- Sie haben Verwandte oder Freunde mit Kindern, die knapp älter sind? Dann scheuen Sie sich nicht, Kleidung anzunehmen, die diese aussortiert haben. Das ist nicht peinlich, sondern sinnvoll. Im Sinne der Nachhaltigkeit. Im Sinne Ihrer Geldbörse. Und im Sinne Ihrer Freunde, die sich freuen, wenn die Sachen, die kaum getragen wurden, (noch) nicht in der Altkleidersammlung landen.

- Sie haben in Ihrem Umfeld niemanden, der Ihnen getragene Kleidung für Ihr Baby oder Kleinkind schenkt? Dann schauen Sie doch einmal bei einem speziellen Kinderflohmarkt vorbei. Oder besuchen Sie „einschlägige" Seiten im Internet. Da kann man oft ganze Säcke um wenig Geld kaufen. Oder geschenkt bekommen. Es gibt sogar Eltern, die Ihren kleinen Kindern lieber gebrauchte Kleidung geben, da Sie dann sicher sein können, dass durch das bereits erfolgte häufige Waschen der Großteil der Chemikalien rausgewaschen ist.

Werden die Kinder älter, gilt Ähnliches. Wenn sie in ein Alter kommen, in dem sie sich weigern, gebrauchte Kleidung zu tragen und Sie es sich leisten können, darauf Rücksicht zu nehmen, können Sie dennoch versuchen, Ihr Kind anständig anzuziehen und dabei nicht ganz auf Ihre Geldbörse zu vergessen.

- Achten Sie auf Angebote und kaufen Sie im Ausverkauf. Achtung: Es ist allerdings nicht immer ganz einfach, eine Winterjacke im Ausverkauf zu erstehen, da nicht klar ist, bei welcher Kleidergröße Ihr Kind nächsten Winter angekommen sein wird.
- Versuchen Sie auch bei größeren Kindern nicht zu viel Kleidung und vor allem auch Schuhe zu Hause zu haben. Es ist so schade, wenn die kaum getragenen Sachen weggegeben werden müssen.
- Trennen Sie die Kleidung in Spielgewand und Alltagsgewand. Es ist nicht nötig, dass jede Hose auf dem Spielplatz getragen wird und am Ende des Tages Grasflecken und Löcher aufweist. Nehmen Sie ein, zwei Teile um die es nicht schade ist und lassen Sie diese Ihr Kind beim Herumtollen im Freien tragen.
- Investieren Sie in Regenkleidung: Gummistiefel, Regenhose und Regenjacke sollten Sie zu Hause

haben, wenn Sie wollen, dass Ihr Kind bei jedem Wetter draußen sein kann und dabei weder Hosen noch Schuhe ruiniert.

Und nun zu Ihrer Garderobe...

Manche Menschen sehen - wenn Sie vor Ihrem Kleiderschrank stehen - den Wald vor lauter Bäumen nicht. Sie schauen hinein und sehen nichts, was Sie anziehen können. Klingt absurd? Vielleicht. Aber dahinter steckt, dass ein Zuviel an Sachen uns den Überblick verlieren lässt. Wir sehen einen Haufen Zeug und haben keine Idee, was davon wir noch tragen können und womit wir es kombinieren können.

Daher wäre ein erster sinnvoller Schritt, sich einen Überblick zu verschaffen. Nehmen Sie sich ein paar Stunden Zeit und räumen Sie all Ihre Kleidungsstücke aus den Kästen. Teile, die nicht mehr passen, sortieren Sie aus. Dabei geht es in diesem Schritt nicht darum, zu überlegen, was mit diesen Teilen geschehen soll. Ob Sie sie spenden, verschenken, verkaufen, tauschen oder wegwerfen, das können Sie an einem anderen Tag überlegen.

Dann trennen Sie in Sommerkleidung und Winterkleidung. Wenn Sie im Moment nicht ausreichend Zeit haben, konzentrieren Sie sich in weiterer Folge nur auf jene Teile, die für die gerade stattfindende Jahreszeit passen. Die anderen Stücke räumen Sie zur Seite.

Im nächsten Schritt sehen Sie sich jedes Teil an und sortieren Sie in drei Haufen: 1. Ziehe ich sicher nicht mehr an. 2. Weiß nicht. 3. Will ich jedenfalls behalten. Alles, was auf dem 1. Haufen landet, teilt sein Schicksal mit den nicht mehr passenden und bereits aussortierten Stücken. Den Rest sehen Sie durch. Stellen Sie fest, ob die Teile in Ordnung sind, oder ob Nähte aufgegangen sind, Knöpfe fehlen, Zipps klemmen und auch, ob diese vielleicht, weil sie zu lange im Kasten hängen, gewaschen und/oder gebügelt gehören.

In den Kasten zurück darf also nur, was 1. von Ihnen noch angezogen wird, 2. von der Größe her passt und 3. sofort getragen werden kann. Hat man es eilig und sucht etwas zum Anziehen, ist es mehr als kontraproduktiv, wenn ein Teil nicht passt, beim zweiten der Knopf fehlt und das dritte so zerknittert ist, dass es nicht getragen werden kann. So entsteht natürlich umso schneller der Eindruck, nichts zum Anziehen zu haben.

Räumen Sie Ihren Schrank nun mit System ein. Gruppieren Sie Basics, Blusen, Pullover, Hosen, Röcke, Kleider, Blazer, Jacken usw. Dann sortieren Sie nach Farben und zuletzt zum Beispiel nach Länge. So sieht Ihr Kleiderschrank einerseits aufgeräumt aus, andererseits finden Sie dann auch ganz schnell das farblich passende Stück zum Kombinieren.

Den „Weiß-Nicht-Stapel" können Sie entweder mit einsortieren. Oder Sie geben ihn an einen eigenen Platz und nehmen sich vor, jede Woche zumindest ein Stück dieses Stapels zu tragen und danach endgültig über sein Schicksal zu entscheiden.

Wenn Sie nun einen Überblick über Ihre Garderobe haben, können Sie überlegen, ob für eine Grundausstattung tatsächlich etwas fehlt. Was für jemanden zur Grundausstattung gehört, ist individuell. Ob es nun Jeans, schwarze Hosen, ein paar elegante Kleider, weiße Blusen oder zwei bis drei Blazer sind: Überprüfen Sie, ob Ihr Schrank die für Sie wichtigsten Teile enthält.

Falls nicht, überlegen Sie, wie Sie Ihre Garderobe sinnvoll ergänzen können.

Eine Möglichkeit ist, ins Geschäft zu gehen. Das ist keine besonders kreative Lösung. Günstiger, nachhaltiger und vielleicht sogar befriedigender sind folgende Alternativen:

- Tauschen Sie Ihre aussortierte Kleidung gegen neue Teile, die Sie brauchen können, ein. Das können Sie unter Freundinnen ebenso machen, wie unter organisierten „Tauschevents". Schauen Sie einfach im Internet nach, wo in Ihrer Umgebung solch ein Tauschtreffen stattfindet.
- Trauen Sie sich in einen „Gratisladen". In einigen Städten gibt es Läden, in denen Menschen Dinge abgeben können, die andere noch brauchen können. Werfen Sie doch einmal einen Blick in einen solchen Laden (in Wien ist das z.B. der Kostnixladen im 12. Bezirk). Hier können Sie nicht nur nach Kleidung stöbern, sondern auch Taschen, Schmuck, Schuhe, Hausrat oder Bücher finden.
- Auch im Internet, beispielsweise auf „willhaben" verschenken Leute Kleidung. Hier können Sie punktgenau nach etwas Ausschau halten, was Sie benötigen.
- Finden Sie nichts umsonst, können Sie sich nach gebrauchten günstigen Stücken umsehen. Hier eignen sich neben dem Internet auch Second-Hand-

Läden oder die Geschäfte von humana, um nur einige zu nennen.

- Und wenn es dann doch einmal ein „normales“ Geschäft sein soll: Setzen Sie auf Qualität statt auf Quantität. Bei günstigen Teilen neigen viele dazu in großen Mengen zu kaufen um dann die Hälfte im Kleiderschrank ungetragen liegen zu lassen. So wird der Einkauf in Summe auch nicht gerade billiger. Wenn Sie sich aber in Ruhe umsehen, vielleicht sogar ein paar Tage nachdenken, bevor Sie „zuschlagen“, treffen Sie eine bewusste Entscheidung für genau diese Bluse, diese Hose oder dieses Kleid. Und Sie werden sie nicht im Kasten vergessen, sondern mit einem ganz besonderen Gefühl tragen.

Kinder

Kinder sind eine kostspielige Angelegenheit. So sagt man.

Ja, Kinder kosten Geld. Vor allem, wenn man für sie immer nur das Beste möchte. Aber: Ist das Beste zwangsläufig immer das Teuerste? Nein, ganz bestimmt nicht. Sie können Ihr Kind mit Unmengen an Spielzeug überhäufen. Das macht es aber ganz bestimmt nicht glücklich. Vielleicht wäre ein netter Ausflug, ein besonderer Spieleabend oder einfach nur Plaudern beim gemeinsamen Kekse backen das, wonach sich Ihr Kind sehnt.

Für Kinder gibt man in den unterschiedlichsten Bereichen (viel) Geld aus. Kleidung, Spielsachen, Sportkurse, Schulsachen, Geburtstagsfeiern, Geschenke, die das Kind zu Geburtstagsfeiern mitnimmt, Freizeitaktivitäten usw. kosten Geld. Aber nicht alles ist in der Art und in dem Ausmaß notwendig, wie die meisten von uns es betreiben.

Kommt ein Kind auf die Welt ist die Bereitschaft, Unmengen Geld auszugeben, besonders groß. Aber Hand aufs Herz. Ihrem Baby ist es vollkommen egal, ob der Kinderwagen schon fünf Jahre alt ist, ob die Strampler schon vom Cousin getragen wurden oder ob die Spielsachen vom Flohmarkt sind. Viele Dinge, die für Neugeborene und Babys angeschafft werden, werden selten bis nie verwendet. Aber gekauft wurden sie trotzdem.

Gerade bei Einkäufen für die Kleinsten sollten Sie besonders gut darüber nachdenken, was Sie wirklich brauchen. Denn das Zeitfenster, in dem Ihr Baby das passende Alter dafür hat, ist oft nur sehr klein.

Fragen Sie in Ihrem Bekannten- und Freundeskreis, wer einen Kinderwagen, Wickeltisch, Babybett, Babywippe oder sonstige Babysachen hat, die er nicht mehr benötigt. Auch Babykleidung kann gut weitergegeben werden. Haben Sie gerade keine knapp älteren Kinder in Ihrem Umfeld, schauen Sie sich doch einmal am Flohmarkt oder im Internet um. Vieles wird auch verschenkt, wenn die Besitzer keine Verwendung mehr dafür haben.

Kleidung

Je älter die Kinder werden, umso schwieriger wird das Thema Kleidung. Da wächst der Druck, Markenkleidung zu haben, schnell ist etwas total uncool. Klar würde ich Ihnen den Tipp geben, dass Sie Ihr Kind zu einem starken Menschen erziehen, der nicht schon in seinen jungen Jahren einem Konsumzwang nachgibt, sondern selbstbewusst und mit erhobenem Kopf dem Mainstream trotzt. Bei manchen Kindern und Jugendlichen gelingt das auch. Andere leiden darunter und werden womöglich gemobbt. Es ist Ihre Entscheidung, wie Sie damit umgehen.

Sollten Sie den sehnsüchtigen Wünschen Ihres Sprosses nach Markenkleidung nachgeben wollen, müssen Sie dafür nicht zwangsläufig Unsummen aufwenden.

- Sehen Sie sich in Outlets um. Da bekommt man dann oft einmal eine Hose um 40 € statt um 200 €.

- Wünschen Sie sich das eine oder andere teure Teil für Ihr Kind zu Weihnachten oder zum Geburtstag – zum Beispiel von der Oma. Damit lernt es auch, dass Markenkleidung nicht selbstverständlich ist, sondern dass man im Gegenzug auf etwas anderes (ein anderes Geschenk) verzichten muss.

- Und wie so oft gilt auch hier: Kaufen Sie gebraucht. Es gibt Secondhandshops, die sich auf den Verkauf von Markenkleidung spezialisiert haben. Da diese Shops natürlich mitverdienen wollen, ist das nicht die günstigste Variante. Wesentlich günstiger kaufen Sie direkt von Privaten. Hier eignet sich das Internet oder der Flohmarkt. Im Internet werden oft kleinere oder größere Pakete angeboten, da kommt dann ein T-Shirt oft einmal auf 3 €. Wenn Sie sich am Flohmarkt umsehen, vergessen Sie nicht zu Handeln (vor allem, wenn Sie mehrere Teile kaufen, ist da im Regelfall ein Nachlass drinnen). Mit ein bisschen Geduld und regelmäßigem Durchforsten der Möglichkeiten, lassen sich da und dort tolle Schnäppchen machen.
- Vice versa ist es dann natürlich auch sinnvoll, die gut erhaltene Kleidung, aus der Ihr Kind raus gewachsen ist, auch wieder selbst zu verkaufen.

Ähnliches, was für die Kleidung gesagt wurde, gilt auch für Spielsachen. Auch diese kann man oft gut gebraucht kaufen und wieder verkaufen.

Widerstehen Sie dem Reiz, schnell mal zwischendurch - weil es im Geschäft gerade in der Wühlkiste zu finden ist - für ein paar Euro irgendein Plastikzeug oder das 17. Stofftier „mitzunehmen". Gerade dieses Billigspielzeug ist oft nach wenigen Minuten oder spätestens nach wenigen Tagen uninteressant (oder kaputt). Und Sie haben zwar nur wenige

Euro bezahlt und dafür wieder ein Teil rumliegen, das Ihnen im Weg ist.

Sinnvoller ist, hier zu Markenspielzeug (ja, hier ist es im Vergleich zur Kleidung wirklich sinnvoll) zu greifen. Egal ob bei Bausteinen, Eisenbahnen, Kugelbahnen oder ähnlichem macht das Spielen nach Jahren auch noch Spaß, wenn immer wieder etwas Neues dazukommt und die ursprüngliche Ausstattung sukzessive erweitert wird.

Wenn es ums Spielen geht, denken die meisten von uns an gekauftes Spielzeug. Nicht jedem ist es gegeben, handwerklich geschickt und kreativ zu sein und selbst das eine oder andere herzustellen. Aber vielleicht probieren Sie es mal, etwas für das Puppenhaus Ihres Kindes selbst zu basteln. Oder ein Kuscheltier selbst zu nähen oder stricken.

Schule

Hat man schulpflichtige Kinder, kommt man nicht umhin, das eine oder andere extra bezahlen zu müssen. Ausflüge, Schiwochen, Sprachreisen, Kopiergeld und natürlich die eigenen Schulsachen müssen finanziert werden.

Zumindest bei den Schulsachen kann man sparen. Vergleichen Sie Preise bei Heften, Einbänden, Buntstiften, Mappen usw. Vielleicht schauen Sie zu Hause nach, was Sie nicht ohnehin schon haben. Dinge, die regelmäßig gebraucht werden, wie Stifte und Papier kann man auch gut azyklisch kaufen. Also nicht unbedingt zu Schulbeginn. Das spart Zeit, Nerven und vielleicht auch Geld.

Schultaschen kann man oft sehr günstig gebraucht erstehen, einen Turnbeutel kann man auch gut selbst nähen. Oder vielleicht auch eine vorrätige Tasche oder einen kleineren Rucksack, der ungenutzt zu Hause rumliegt, zweckentfremden.

Wenn die Kinder die Schuljause und Getränke in der Schule kaufen, mag das vielleicht für die Eltern weniger Arbeit und für die Kinder etwas cooler sein. Wenn Sie sich die Mühe machen, dem Kind ein Pausenbrot und ein Getränk in einer wiederverwendbaren Flasche mitzugeben, ist das nicht nur viel gesünder, Sie sparen im Monat jede Menge Geld (so kostet eine Jause aus dem Schulbuffet schnell einmal drei Euro. Sie können qualitativ Besseres locker um einen Euro zusammenstellen. Und schon haben Sie 40 Euro im Monat gespart), und Ihr Kind muss seine Pause nicht beim Anstehen beim Buffet verbringen, sondern kann in aller Ruhe das selbst mitgebrachte Essen genießen.

Babysitter, Kinderbetreuung

Hat man ein kleines Kind zu Hause, ist es immer wieder mal erforderlich, auf einen Babysitter zurückzugreifen.

Toll, wenn es ein bis zwei Omas oder Opas, Tanten oder Onkeln gibt, die diese Aufgabe bei Bedarf übernehmen. Gibt es diese nicht oder will man sich zusätzlich absichern, kann man auf bezahlte Babysitter zugreifen.

Alternativ empfehle ich: Vernetzen Sie sich. Pflegen Sie Kontakte zu Eltern, die Kinder im ähnlichen Alter haben. Bieten Sie regelmäßig an, diese Kinder am Wochenende mal auf einen Ausflug mitzunehmen, damit die Eltern für sich sein können. Oder sie bei Ihnen übernachten zu lassen. Oder laden Sie sie einfach mal für einen Spielnachmittag ein. Macht mehr Arbeit? Nicht unbedingt. Denn die Kinder beschäftigen sich in der Regel miteinander und Sie haben nur eine aufpassende Rolle. Und was haben Sie sonst noch davon? Je besser Sie vernetzt sind, je besser einander die Kinder einander kennen, umso leichter ist es für Sie, auch einmal zu fragen, ob Ihr Kind vielleicht einmal beim Freund/bei der Freundin übernachten kann. Und schon haben Sie nicht nur die Kosten für einen Babysitter gespart, sondern wissen Ihr Kind auch in guten Händen.

Freizeit

Freizeit kostet Geld. Es gibt Leute, die arbeiten so viel, dass Sie behaupten, keine Zeit zum Geld ausgeben zu haben.

Und manche haben zwar Freizeit, können diese aber nicht genießen, weil Sie meinen, dafür nicht genug Geld zu haben.

Diesen kann geholfen werden! Es gibt so viele Dinge, die man unternehmen kann, ohne Geld auszugeben. Oder mit sehr wenig Geld. Vielleicht wollen Sie es ja mal selbst ausprobieren?

Was machen Sie denn gerne am Feierabend? Freunde zum Essen treffen? Mit der besten Freundin ins Kaffeehaus gehen? Ins Kino, Theater oder in die Oper gehen?

Das sollen Sie auch weiter tun, wenn es Freude macht. Wenn Sie aber dringend sparen müssen, sollten Sie sich Alternativen überlegen. Freunde zum Essen treffen ist nett, aber teuer. Haben Sie schon einmal überlegt, alternativ diese Freunde zu sich einzuladen? Selbst wenn Sie ein paar Leute bekochen, kommt Sie das vermutlich billiger, als ein Abend im Restaurant. Oder Sie kochen gemeinsam und jeder bringt eine Zutat mit. Blättern Sie doch mal ans Ende des Buches, vielleicht finden Sie ja ein Rezept, das Sie anspricht?

Sie treffen sich regelmäßig mit einer Freundin/einem Freund im Kaffeehaus. Wie wäre es, wenn Sie sich alternativ zum Spazierengehen verabreden? Dabei lässt es sich mindestens genau so gut, oft sogar ungestörter Plaudern als im Kaffeehaus. Und man muss nichts konsumieren. Und das beste: Man macht Bewegung an der frischen Luft!

Ins Kino gehen macht Spaß. Keine Frage. Allerdings sind an so einem Kinoabend 20, 30 Euro weg wie nichts. Kinokarte, Popcorn und Getränk sowie der Drink nach dem Film gehen ins Geld. Wie wäre es, wenn Sie die Freunde, mit denen Sie sonst ins Kino gehen, zu einem Filmabend zu sich einladen? Falls Sie einen Streamingdienst nutzen, suchen Sie vorher drei Filme aus und lassen Sie schon im Vorfeld darüber abstimmen. Organisieren Sie etwas zu Knabbern und sorgen Sie für Getränke. Oder bitten Sie die Freunde, etwas mitzubringen. Und schon steht einem netten Abend nichts mehr im Wege.

Wenn Sie trotzdem mal ins Kino gehen möchten: Die meisten Kinos verlangen unterschiedliche Preise, je nach Wochentag und Uhrzeit. Und ganz ehrlich: Sie halten es auch sicher einmal zwei Stunden ohne Knabbereien aus, oder?

Besuchen Sie kostenlose Veranstaltungen! Wenn Sie in einer Stadt oder in der Nähe einer Stadt wohnen, finden Sie sehr viele kostenlose Events. Informieren Sie sich im Internet, Sie werden staunen, was alles angeboten wird. Beginnend bei Vernissagen über Konzerte bis hin zu Lesungen...kaum ein Tag, an dem es kein kostenfreies Angebot gibt.

Gehen Sie gerne ins Theater, ins Musical oder in die Oper? Das kann man in einigen Häusern - speziell in Wien - um fast kein Geld tun. Das Zauberwort heißt Stehplatz. Um drei bis zehn Euro haben Sie beste Sicht auf die Bühne. Wenn Ihnen das Stehen nicht so liegt: Fragen Sie nach sichteingeschränkten Karten. Wenn Sie sich ein bisschen damit beschäftigen, werden Sie schnell herausfinden, bei welchen Bühnen auf welchen Plätzen die Sichteinschränkungen so klein sind, dass sie kaum auffallen.

Machen Sie bei Gewinnspielen mit! Viele Zeitungen und manche Theater verlosen regelmäßig Karten für Kulturveranstaltungen.

Erkundigen Sie sich im Vorfeld betreffend Ermäßigungen. Oft muss man nur irgendwo Mitglied sein und schon zahlt man 20, 30 Prozent weniger. Schade nur, wenn die entsprechende Kundenkarte dann zu Hause liegt und man die Vergünstigung deshalb nicht erhält.

Schauen Sie regelmäßig im Internet nach. Oft verkaufen Leute, weil Sie überraschend verhindert sind, ihre Theater-, Opern- oder Musicalkarte für wenig Geld (das gilt nicht für ausverkaufte Veranstaltungen, da verlangen viele mehr als den Originalpreis).

Wenn Sie wirklich viel ins Theater oder in die Oper gehen, können Sie auch über ein Abonnement nachdenken. Oder Sie wünschen sich ein solches zum Geburtstag von Ihren Lieben.

Ähnliches gilt für den Museumsbesuch. Auch hier ist es sinnvoll sich vorher zu informieren, welche Ermäßigungen es gibt oder ob es einen Tag mit Gratiseintritt gibt.

Machen Sie Bewegung! Das muss nicht unbedingt im Fitnesscenter sein (und wenn, lohnt sich vorher ein Preisvergleich, die Preise pro Monat schwanken zwischen ca. 20 und 200 Euro). Spazierengehen, laufen, wandern oder Fahrrad fahren sind wunderschöne Hobbies, die außerdem auch Körper und Geist guttun.

Wenn Sie es nicht ohnehin regelmäßig tun: Lesen Sie. Bei einer der schönsten Freizeitbeschäftigungen kommen Sie – je nachdem wie Sie es anstellen – mit keinem oder sehr wenig Geld aus. Sie können das gratis in einer Bibliothek tun oder für einen geringen Mitgliedsbeitrag die Bücher von dort auch nach Hause nehmen (und ein paar nette CDs als Hintergrundmusik gleich dazu). Ebenso verschenken viele Menschen Bücher im Internet, bringen sie in den Kostnixladen oder stellen sie in „Offene Bücherschränke", die mittlerweile an vielen Orten zu finden sind. Nicht gratis aber günstig können Sie Lesestoff bei Flohmärkten, Bücherbörsen oder in Wühlkisten von Antiquariaten finden. Oder Sie tauschen regelmäßig mit Freunden.

Nähen, Häkeln, Stricken, Basteln oder Heimwerken: Wenn Sie jemand sind, der gerne mit den Händen arbeitet, sollten Sie sich (wieder) überlegen, etwas Handwerkliches in Ihrer Freizeit zu gestalten. Das ist nicht nur eine nette Beschäftigung, sondern Sie können auch am Ergebnis lange noch Freude haben.

Schreiben oder malen Sie! Auch dies kann weit mehr als bloß ein schöner Zeitvertreib sein.

Lernen Sie eine Sprache: Dafür muss man nicht zwingend viel Geld für einen Kurs ausgeben. Im Internet findet sich eine Vielzahl an Gratisangeboten oder sehr günstigen Möglichkeiten. Auch in Büchereien wird sehr viel Lehrmaterial zum Ausleihen zur Verfügung gestellt.

Kochen oder backen Sie: Das Ausprobieren neuer Rezepte kann richtig viel Spaß machen. Und wenn Sie dann auch noch – vielleicht inspiriert durch die Ideen am Buchende –

das eine oder andere „Sparefrohrezept“ entwickeln, werden Sie noch mehr Freude haben.

Betätigen Sie sich ehrenamtlich: In diesem Fall entgehen Sie nicht nur der Langeweile und knüpfen nette Kontakte, Sie haben auch etwas wirklich Sinnvolles mit Ihrer Freizeit getan.

Im Urlaub

Urlaub - die schönste Zeit des Jahres? Selbstverständlich sind freie Tage, an denen man nicht arbeiten muss, etwas Herrliches. Und selbst, wenn man gerade nicht arbeitet, weil man arbeitslos, in Karenz oder in Pension ist, will man sich zumindest ein Mal im Jahr eine Auszeit gönnen. Verständlich! Allerdings: Wenn Sie gerade größere finanzielle Probleme haben oder ganz dringend auf etwas hinsparen, sollten Sie überlegen, ob Sie Ihre Auszeit nicht vielleicht einmal ganz anders verbringen können, als mit einem Strandurlaub oder einer sonstigen Reise. Wie wäre es mit Urlaub zu Hause? Klingt langweilig? Muss es aber nicht sein.

Überlegen Sie einmal in Ruhe, was den Urlaub so besonders macht. Die meisten nennen hier Dinge wie nicht einkaufen und kochen zu müssen, Neues sehen und erleben, etwas anderes tun als im Alltag, sich um nichts kümmern zu müssen und ähnliches.

Auszeit vom Alltag

Wenn es darum geht, Ruhe vom Alltag zu haben und nicht einkaufen, kochen, putzen, waschen und bügeln zu müssen, planen Sie Ihre Urlaubswoche vor. Beginnen Sie spätestens eine Woche vor Urlaubsantritt: Machen Sie einen etwas größeren Einkauf, kochen Sie für sieben Tage vor und frieren Sie die Mahlzeiten ein. Achten Sie darauf, dass Ihr Wäschekorb leer und die gewaschene Wäsche im Schrank verstaut ist, putzen Sie noch ein Mal die Wohnung durch und versorgen Sie Ihre Pflanzen. In der Urlaubswoche selbst, lassen Sie einfach einmal ein paar Dinge liegen. Die

Schmutzwäsche kann gut und gerne ignoriert werden - wenn Sie verreisen, kommen Sie schließlich auch mit einem Koffer voll getragener Kleidung zurück. Das einzige, was Sie vielleicht während Ihres Urlaubs noch machen müssen, ist, die Geschirrspülmaschine einzuschalten. Wenn Sie nicht kochen, sondern nur die vorbereiteten Speisen essen, sollte sich der Aufwand allerdings in Grenzen halten. Oder Sie gehen einfach auswärts essen. Zu teuer? Nun, Sie sparen sich einige hunderte Euro, weil Sie nicht verreisen. Da darf man sich schon auch mal etwas gönnen.

Neue Eindrücke sammeln

Für viele von uns ist das Sammeln neuer Eindrücke und das Ausprobieren von Aktivitäten ein wichtiger Aspekt eines Urlaubs. Das kann man aber auch in der eigenen Umgebung machen. Planen Sie Ihren Urlaub zu Hause so, wie Sie einen Urlaub auswärts vorbereiten müssen. Überlegen Sie, was Sie schon immer einmal machen wollten. Informieren Sie sich im Internet, ob etwas Ähnliches in Ihrer Nähe angeboten wird. Oder machen Sie sich im Vorfeld Gedanken, was im Urlaub für Sie besonders wichtig ist. Und dann stellen Sie sich einen Plan zusammen, in dem alle Aktivitäten Berücksichtigung finden. Planen Sie, je nach Typ, Kulturtage, Abenteuertage, Sightseeingtage, Gourmettage, Badetage, Naturtage usw. Ihrer Fantasie sind keine Grenzen gesetzt. Und wenn Sie rechtzeitig mit der Planung beginnen, können Sie auch nach Gratisangeboten und Schnäppchen Ausschau halten. Ein Urlaubstag zu Hause darf auch etwas kosten. Ein Eintritt in den Zoo, ins Museum oder in ein Schloss sollte ebenso Platz haben, wie ein Schnitzel im Gasthaus oder ein Glas Wein beim Heurigen.

Am besten ist, Sie überlegen sich im Vorfeld, welchen Betrag Sie für eine Urlaubswoche veranschlagen. Wie wäre es zum Beispiel mit 200 Euro? Vielleicht benötigen Sie ja an einem Tag kaum etwas, weil Sie wandern oder Rad fahren und ein Picknick machen. Dafür können Sie am nächsten Tag den Eintritt für etwas bezahlen und auch noch Mittagessen gehen. Wenn Ihnen die 200 Euro zu viel sind, können Sie sich auch einen Sport daraus machen, so wenig wie möglich auszugeben.

So oder so werden Sie gegenüber einem herkömmlichen Urlaub jede Menge Geld sparen. Vor allem Anreisekosten (Auto, Zug, Flug) und Übernachtungskosten fallen fix weg.

Wenn Sie sagen, Sie müssen unbedingt freie Tage außerhalb Ihrer eigenen vier Wände verbringen, können Sie natürlich auch darauf achten, dies möglichst kostengünstig zu tun. Es gibt viele Möglichkeiten bei Reisen zu sparen:

Pauschalreisen

Haben Sie vor, eine Pauschalreise zu machen, z.B. einen Strandurlaub, buchen Sie möglichst früh. Viele Anbieter haben gestaffelte Rabatte: Je früher Sie buchen, desto höher ist der Preisnachlass.

Wenn Sie spontan auf Urlaub fahren wollen und somit der Frühbucherbonus nicht mehr in Frage kommt, probieren Sie es mit einer Last-Minute-Reise. Besonders günstig kommen Sie hier weg, wenn Ihnen nicht nur das genaue Abflugdatum, sondern vor allem auch die Destination egal ist. Wenn es darum geht, einen Strandurlaub zu machen, ist Ihnen vielleicht Griechenland genau so recht, wie Spanien oder Italien.

Individualreisen

Wollen Sie individuell verreisen, gibt es auch eine Menge Tricks, wie Sie Geld sparen können:

Die erste Frage, die sich stellt - nachdem die Destination feststeht, ist die nach der Anreisemöglichkeit:

- Sowohl bei Flugreisen als auch bei Bus- und Bahnreisen gibt es besondere Rabatte bei frühzeitiger Buchung.
- Bei Flugreisen schwanken die Preise sehr nach Wochentag und Abflugzeit. Wochenendflüge sind meistens besonders teuer.
- Verzichten Sie bei Kurz- und Mittelstreckenflügen auf alle Annehmlichkeiten, für die Sie extra bezahlen müssen, wie einen vorreservierten Sitzplatz oder Essen an Bord.
- Wenn Sie nicht zu lange wegbleiben, probieren Sie, ob Sie vielleicht nur mit Handgepäck auskommen. Mittlerweile sind die Preise für den Extrakoffer schon recht teuer.
- Ist die Wunschdestination nicht zu weit weg, ist es auch überlegenswert alternativ mit dem Auto zu fahren. Dazu beachten Sie auch die Hinweise im Kapitel Mobilität.
- Außerdem können Sie im Internet recherchieren, ob jemand eine günstige Mitfahrgelegenheit anbietet.

Der zweite große Kostenpunkt beim Reisen ist das Übernachten. Auch hier kann man - bei entsprechender Planung - einiges an Geld sparen:

- Wenn Sie in einem Hotel übernachten wollen, empfiehlt sich auch hier, sehr früh zu buchen. Wenn Sie bei der frühen Buchung zusätzlich auch noch auf kostenfreie Stornomöglichkeiten verzichten, können Sie in manchen Fällen bis zu 50% vom regulären Übernachtungspreis sparen. Sie tragen dann aber das alleinige Risiko, wenn Sie nicht anreisen können, ganz gleich aus welchem Grund.
- Haben Sie schon einmal darüber nachgedacht, am Campingplatz zu übernachten? Das ist sicher nicht jedermanns Sache. Aber, wenn man nur in einem Zelt schläft, kommt man ziemlich günstig weg.
- Auch Jugendherbergen bzw. Hostels mit Schlafsälen bieten die Möglichkeit, um für wenig Geld ein Bett und ein Dach über den Kopf zu haben.
- Ganz ohne Kosten kommen Sie beim Couchsurfing zu einer Übernachtungsmöglichkeit. Hier geht es darum, selbst Gastgeber zu sein und z.B. seine Couch gratis zur Verfügung zu stellen und vice versa in anderen Städten ebensolche Schlafgelegenheiten nutzen zu können. Und Freunde zu finden, die einem die Stadt oder Umgebung zeigen.

Auch Essen und Trinken im Urlaub kann ganz schön ins Geld gehen. Ich empfehle Ihnen nicht, Nahrungsmittel von zu Hause mitzunehmen. Denn gerade in fremden Ländern gehört das Kennenlernen von neuen Gerichten ja unbedingt dazu. Trotzdem kann man etwas aufs Geld achten:

- Meiden Sie Lokale an touristisch stark frequentieren Plätzen. Oft muss man nur ein paar Gassen weg vom Trubel gehen und kann um weniger als die Hälfte essen.
- Halten Sie im Internet Ausschau nach günstigen Lokalen.
- Überprüfen Sie, ob für Sie eine Tourist-Card in Frage kommt. Bei diesen sind oft auch Vergünstigungen in ausgewählten Restaurants enthalten.
- Probieren Sie Streetfood: In vielen Städten kann man gerade beim Stand am Straßenrand authentisches - und besonders günstiges - Essen bekommen.
- Nutzen Sie Happy Hours.
- Informieren Sie sich, ob es an Ihrer Urlaubsdestination Angebote zur „Lebensmittel-rettung" gibt. Oft kann man hier in Restaurants Übriggebliebenes sehr günstig erhalten.
- Wenn Sie öfter zu zweit essen gehen, zahlt es sich aus, ein Gutscheinbuch zu erwerben, in dem 1 + 1 Angebote enthalten sind (man geht zu zweit essen, die günstigere Mahlzeit ist gratis).

Last but not least: Eintrittsgelder: Tickets für Museen, Zoos, Schlösser oder sonstige Sehenswürdigkeiten sind zumeist sehr teuer. Bevor Sie zu tief in die Tasche greifen oder auf etwas verzichten müssen, hier ein paar Tipps:

- Überprüfen Sie, welche Sehenswürdigkeiten Gratis-Eintritte zu bestimmten Zeiten anbieten. In vielen Städten ist es durchaus üblich, dass viele der bekanntesten Museen einen Tag oder einen Abend pro Woche keinen Eintritt verlangen. Planen Sie also im Vorfeld, wann Sie welche Sehenswürdigkeit besuchen. Sie müssen dann vielleicht etwas länger am Eingang warten, dafür sparen Sie sich schnell einmal 15 Euro oder mehr pro Person.

- Gibt es keine Gratiseintritte oder kommt eine Planung danach für Sie nicht in Frage, überprüfen Sie - am besten noch zu Hause - ob es für Ihre Destination Sightseeingcards gibt. Falls ja, überlegen Sie im Vorfeld, was Sie jedenfalls ansehen möchten und checken Sie, ob die jeweiligen Eintritte in der Karte inkludiert sind. Eventuell gibt es diese auch in Kombination mit einem Ticket für die öffentlichen Verkehrsmittel. Manche bieten zusätzlich auch Vergünstigungen beim Einkaufen oder beim Restaurantbesuch an. Mit einer solchen Karte kann man - auch wenn die Anschaffung selbst oft nicht ganz billig ist - schnell einiges an Geld sparen. Aber nur, wenn man wirklich vorhat, einen größeren Teil der inkludierten Sehenswürdigkeiten zu besichtigen.

- Trotzdem zu teuer? Dann machen Sie Sightseeing der anderen Art. Statt dem Sightseeingbus nehmen Sie ein öffentliches Verkehrsmittel, das sich im innerstädtischen Bereich bewegt. Recherchieren Sie im Internet oder in einem Reiseführer, welche Sehenswürdigkeiten an der Strecke liegen. Oder entdecken Sie die Stadt zu Fuß. Gärten, Denkmäler, Friedhöfe oder die meisten Kirchen sind prägend für eine Stadt und sie müssen für deren Besichtigung nichts bezahlen.

- In vielen Städten werden auch Gratistouren angeboten. Der Guide erhofft sich am Ende ein Trinkgeld, das man ihm auch geben sollte, wenn er seine Sache gut gemacht hat. Da bei diesen Touren oft 30 bis 40 Leute teilnehmen, braucht man sich aber nicht schämen, wenn man für eine einstündige Tour ein bis zwei Euro hergibt. Das tut einem selbst nicht weh und für den Guide ist es trotzdem ein netter Verdienst.

Schenken

Nur ein teures Geschenk ist ein gutes Geschenk? Unsinn!

Wenn es ums Schenken geht, geht es vor allem darum, dem zu Beschenkenden zuzuhören. Und zwar schon Monate vor dem jeweiligen Anlass. Denn es geht definitiv nicht darum, etwas Teures zu kaufen, sondern dem anderen eine Freude zu machen. Das kann eine liebevoll ausgewählte Kleinigkeit sein oder sogar etwas, wofür Sie gar kein Geld ausgeben müssen.

Hier ein paar Ideen:

- Ihre Freundin jammert immer, wie gerne sie eine Putzfrau hätte. Schenken Sie ihr doch einen Gutschein für 1 mal (2, 3, 4,...) Wohnung putzen.
- Sie kennen die Lieblingsspeise des Geburtstagskindes? Dann laden Sie es zu sich nach Hause zum Essen ein und bereiten ihm einen ganz besonderen Abend mit Lieblingsspeise, Lieblingswein und Lieblingsfilm.
- Oder abgewandelt: Sie kochen sein Lieblingsessen, portionieren es und befüllen damit seine Tiefkühltruhe.
- Eltern von kleinen Kindern kann man mit Babysittergutscheinen überraschen. Oder, wenn es etwas mehr sein soll, mit Karten fürs Kino und dem Angebot derweil auf die lieben Kleinen aufzupassen.

- Auch Gutscheine für Haustiersitten, Blumengießen während des Urlaubs oder Lernen mit dem Kind können für den Beschenkten ein Segen sein und kosten Sie keinen Cent. Übrigens: der Phantasie, wofür Sie einen Gutschein ausstellen, sind hier nahezu keine Grenzen gesetzt.

- Zum Geburtstag zählt eine selbstgebackene Torte für das Geburtstagskind oft mehr als eine teuer gekaufte Bonboniere.

- Selbstgemachtes kann auch sehr viel Freude machen. Dinge fürs Kochen kommen bei Hobbyköchen immer gut an. Ein selbst angesetztes Kräuteröl, eingelegte Knoblauchzehen, spezielle Essige, Marmeladen, Kräutersalze, Sirup, Liköre - nett verpackt, z.B. in einem Geschirrtuch - kosten wenig Geld, belasten die Umwelt nicht und machen Freude.

- Bringen Sie doch das nächste Mal selbst gezogene Kräuter an Stelle eines Blumenstraußes mit. Besonders einfach ist es, eine hübsche Schale mit Küchenrolle auszulegen und darin Kresse zu ziehen.

- Verzichten Sie auf teure Verpackungen. Klar ist es nett - und vor allem sehr bequem, eine hübsche Geschenkschachtel zu kaufen. Geschenkpapier ist da schon deutlich günstiger (vor allem, wenn Sie es in Aktion auf Vorrat kaufen). Aber eigentlich tut es Zeitungspapier, vielleicht mit einem netten Band, einer Blume oder zu Weihnachten mit einem Tannenzweig versehen, auch. Sie haben dann nicht nur etwas für Ihr Budget, sondern auch etwas für die Umwelt getan.

Beschenkt werden

Kennen Sie das: Ihr Geburtstag oder Weihnachten steht vor der Türe und Sie werden gefragt, was Sie sich wünschen? Und Ihnen fällt - wie immer - nichts ein. Was passiert dann? Ihre lieben Angehörigen müssen sich zähneknirschend selbst etwas einfallen lassen und Sie müssen dann so tun, als ob Sie eine Freude damit hätten. Schade ums Geld, oder?

Ich empfehle daher während des Jahres Notizen zu machen, was Sie brauchen können, was Sie gerne hätten oder was Ihnen fehlt. Das kann vom neuen Pyjama (Wunsch an die Oma) über eine Kaffeemaschine (Wunsch an die Eltern) bis hin zum Nagellack (Wunsch an die 12-jährige Tochter) oder zum Thermentag (das wäre doch was für Ihren Partner) sein.

Auch Gutscheine für Jahreskarten sind für den Schenker einfach zu besorgen und für Sie bares Geld wert. Damit Sie sich auch Dinge gönnen können, auf die Sie sonst verzichten müssten. Das kann vom Zoo übers Museum bis hin zum Fitnesscenter oder das Schwimmbad sein.

Solche Gutscheine sind zwar nicht immer die persönlichsten Geschenke aber oft sinnvoller als Dinge, die nur im Schrank landen.

Die 99 besten Tipps - für Sie zusammengefasst

Zum Abschluss hier noch eine Zusammenfassung der 99 besten Tipps, bei deren Berücksichtigung Sie sicher den einen oder anderen Euro sparen werden. Sie müssen nicht alles auf einmal umsetzen, aber vielleicht nehmen Sie das Buch regelmäßig zur Hand und erweitern Ihre Sparmöglichkeiten Schritt für Schritt.

1. Kleinvieh macht auch Mist: Sagen Sie sich das immer wieder vor. Es ist nicht „nur" ein Euro, den Sie einsparen. Es ist EIN Euro. Und jeden Tag ein Euro sind am Jahresende auch schon 365.

2. Machen Sie Mäuseschrittchen: Sie können vermutlich nicht Ihr komplettes Konsumverhalten von einem auf den anderen Tag umstellen. Beginnen Sie in zwei, drei Bereichen, wo es Ihnen am machbarsten erscheint.

3. Setzen Sie alles daran, ein etwaiges Minus am Konto wegzubekommen.

4. Verschaffen Sie sich einen Überblick über Ihre Ausgaben. Bei den Fixkosten schauen Sie auf die Kontoauszüge der letzten zwölf Monate.

5. Führen Sie ein Haushaltsbuch. Das hilft, die Augen für unnötige Ausgaben zu erkennen.

6. Teilen Sie Ihr Budget in die einzelnen Bereiche ein. Geben Sie die geplanten Beträge in einzelne

beschriftete Kuverts und versuchen Sie eisern, nicht mehr auszugeben.

7. Sammeln Sie Münzen unter einem Euro in einer Spardose.
8. Zahlen Sie nach Möglichkeit bar, um den Überblick zu behalten.
9. Wenn Sie Kontoführungsgebühren bezahlen, wechseln Sie die Bank.
10. Wenn Sie für Ihre Kreditkarte bezahlen, sehen Sie sich nach Alternativen um.
11. Wenn Sie schon rein rechnerisch nicht durchs Monat kommen, überlegen Sie, wie Sie Ihre Einkünfte erhöhen können.
12. Hören Sie zu rauchen auf.
13. Oder reduzieren Sie es, so gut Sie können. Und den Betrag, den Sie sich durch jede nicht gerauchte Zigarette erspart haben, werfen Sie in eine Dose.
14. Reduzieren Sie Ihren Alkoholkonsum.
15. Trinken Sie hauptsächlich Leitungswasser.
16. Reduzieren oder vermeiden Sie Restaurantbesuche.
17. Kochen Sie selbst.
18. Bestellen Sie nicht beim Lieferservice.
19. Laden Sie Ihre Freundin zum Kaffee trinken zu sich ein, anstatt ins Kaffeehaus zu gehen.

20. Verkaufen Sie Ihr Auto oder reduzieren Sie Ihre Fahrten.
21. Tanken Sie mit Bedacht - bei einer günstigen Tankstelle und zu einer günstigen Uhrzeit.
22. Halten Sie sich an die Verkehrsregeln: Schnell fahren und falsch parken kann Sie teuer zu stehen kommen.
23. Fahren Sie nur mit dem Taxi, wenn es sich nicht vermeiden lässt. Also: Wenn Sie krank sind, sie sonst nicht mehr nach Hause kommen oder wenn Sie nur so einer Katastrophe entgehen können.
24. Werfen Sie keine Lebensmittel weg.
25. Kaufen Sie Lebensmittel dann, wenn Sie Saison haben.
26. Kaufen Sie Nicht-Lebensmittel dann, wenn die Saison vorbei ist und die Läden sie loswerden wollen.
27. Kaufen Sie Lebensmittel kurz vor Ladenschluss, da gibt es zwar nicht mehr alles, dafür vieles umso günstiger.
28. Behalten Sie einen Überblick über Ihren Kühlschrank und Vorratsschrank. Verbrauchen Sie die Lebensmittel rechtzeitig.
29. Vermeiden Sie Impulskäufe. Bei kleineren Beträgen gilt: Warten Sie mindestens zehn Minuten, bevor Sie zuschlagen. Bei größeren Anschaffungen sollten Sie sich schon einmal 30 Tage Zeit nehmen.

30. Kaufen Sie nur Dinge, weil Sie sie brauchen, nicht weil Sie sie wollen.
31. Kaufen Sie niemals Dinge, weil sie ein Statussymbol sind!
32. Im Geschäft gilt: Bücken und strecken. Die teuren Produkte stehen üblicherweise auf Augenhöhe.
33. Gehen Sie nicht hungrig einkaufen.
34. Vergessen Sie nicht, eine Einkaufstasche von zu Hause mitzubringen.
35. Kaufen Sie Lebensmittel bei Aktionen in größeren Mengen und machen Sie diese haltbar.
36. Kochen Sie größere Mengen - auch wenn Sie Single sind - und frieren Sie die Speisen portionsweise ein.
37. Ziehen Sie Küchenkräuter auf Ihrer Fensterbank.
38. Gehen Sie nicht für einen längeren Zeitraum außer Haus, ohne eine Flasche Wasser mitzunehmen.
39. Verzichten Sie auf den Coffee-to-go auf dem Weg in die Arbeit.
40. Nehmen Sie sich in die Arbeit etwas Selbstgekochtes zum Essen mit.
41. Geben Sie Ihren Kindern ein Pausenbrot sowie ein Getränk in die Schule mit.
42. Duschen statt Baden.
43. Seife statt Duschgel.

44. Lassen Sie während des Zähneputzens nicht das Wasser laufen.
45. Verwenden Sie den Spülstopp bei Ihrer Toilettenspülung.
46. Entsorgen Sie Ihre Kapselmaschine um und steigen Sie auf günstigeren Kaffee um.
47. Kaufen Sie haltbare Lebensmittel oder Dinge wie Reinigungs- und Kosmetikartikel nur in Aktion.
48. Verschaffen Sie sich einen Überblick über die Preise der von Ihnen am häufigsten gekauften Produkte.
49. Erstellen Sie einen Speiseplan für die Woche. Planen Sie anhand der Sonderangebote in Ihrem Supermarkt.
50. Fahren Sie nicht zig Kilometer mit dem Auto, weil irgendwo etwas ein paar Cent billiger ist.
51. Bevor Sie teure Markenprodukte kaufen, probieren Sie doch die No-Name-Alternative.
52. Reduzieren Sie Ihre Friseurbesuche.
53. Färben Sie sich die Haare in Zukunft selbst, statt es vom Friseur erledigen zu lassen.
54. Streichen Sie die Kosmetikerin.
55. Streichen Sie die professionelle Fußpflege.
56. Streichen Sie das Nagelstudio.

57. Und weil wir gerade beim Streichen sind: Streichen Sie den Besuch im Solarium. Ist ohnehin nicht gesund.
58. Versuchen Sie einmal ein Jahr lang keine neue Kleidung zu kaufen.
59. Durchforsten Sie Ihren Kleiderschrank. Vermutlich haben Sie mehr anzuziehen, als Sie vermuten.
60. Peppen Sie Ihr Outfit mit einem Tuch oder Schal auf.
61. Wenn es trotzdem was Neues sein muss: Probieren Sie doch einmal eine Kleidertauschbörse aus.
62. Auch auf Flohmärkten findet man oft richtige Schnäppchen.
63. Oder Sie schauen Online nach, wer etwas verschenkt.
64. Wenn Sie Kleidung kaufen, achten Sie darauf, dass Sie sie selbst reinigen können und nicht teures Geld für die Putzerei ausgeben müssen.
65. Überdenken Sie Ihr Freizeitverhalten und suchen Sie nach günstigen Alternativen.
66. Schreiben Sie sich in einer Bibliothek ein.
67. Fahren Sie nur auf Urlaub, wenn Sie dafür keine Schulden machen müssen.
68. Im Urlaub gilt: Je besser Sie ihn planen, umso weniger müssen Sie ausgeben.

69. Waschen Sie Ihre Wäsche weniger heiß und mit einem kürzeren Programm.

70. Verzichten Sie auf einen Waschtrockner.

71. Waschen Sie Ihr Geschirr mit dem Ecoprogramm.

72. Sowohl Waschmaschine als auch Geschirrspüler sollten nur voll in Betriebe genommen werden.

73. Achten Sie darauf, nicht zu viel Waschpulver bzw. Spülmittel zu verwenden.

74. Überprüfen Sie Ihr Putzverhalten. Lässt sich etwas einsparen durch einfachere Reinigungsmittel oder wiederverwendbare Putzlappen?

75. Werfen Sie beim Kauf eines neuen Elektrogerätes einen Blick auf die Energieeffizienz. Geräte mit einem niedrigeren Energieverbrauch sind zwar oft in der Anschaffung teurer, machen sich aber mittel- bis langfristig durchaus bezahlt.

76. Stellen Sie Ihren Kühlschrank oder Ihr Tiefkühlgerät an einem kühlen Ort auf.

77. Vermeiden Sie an kalten Tagen gekippte Fenster.

78. Drehen Sie die Heizung runter und ziehen Sie einen dicken Pulli an.

79. Licht aus!

80. Verschaffen Sie sich einen Überblick über etwaige Abos. Kündigen Sie alle, die Sie nicht unbedingt brauchen.

81. Kündigen Sie Mitgliedschaften, die Sie nicht nutzen.
82. Durchforsten Sie Ihre Versicherungen. Ist da vielleicht die eine oder andere dabei, die Sie nicht benötigen?
83. Mieten statt kaufen: Oft kauft man einen Gegenstand (besonders beliebt sind hier Gerätschaften jeglicher Art oder aber auch der Frack für genau diesen einen Ball), obwohl man ihn nur ein Mal verwendet.
84. Kaufen statt mieten: Dies gilt insbesondere für Wohnungen. Allerdings nur unter bestimmten Voraussetzungen.
85. Alt statt neu: Viele Dinge des täglichen Lebens können wir viel günstiger gebraucht kaufen.
86. Verkaufen statt wegwerfen: Bevor Sie funktionstüchtige Sachen einfach wegwerfen, probieren Sie sie doch zu verkaufen.
87. Senken Sie Ihre Stromkosten.
88. Reduzieren Sie Ihre Heizungskosten.
89. Verzichten Sie auf ein Klimagerät.
90. Wenn Sie Kinder haben, vernetzen Sie sich mit anderen Eltern. So können Sie gegenseitig auf Ihre Kinder aufpassen und sparen sich Geld für den Babysitter.
91. Gehen Sie sorgsam mit Ihren Dingen um. Behandeln Sie Geräte so, wie es der Hersteller empfiehlt. Achten

Sie auf Ihre Kleidung, Schuhe, Taschen. Bessern Sie kleine Fehler selbst aus. Bei größeren überlegen Sie sich, ob eine Reparatur noch sinnvoll ist.

92. Schenken Sie Zeit statt Geld.

93. Wenn Sie ein Geschenk verpacken, geben Sie dafür kein Geld aus. Seien Sie kreativ, verwenden Sie Vorhandenes.

94. Kaufen Sie bei der nächsten Aktion ein paar Flaschen Wein oder Sekt. Dann haben Sie immer ein Mitbringsel, wenn Sie bei Freunden eingeladen sind.

95. Hände weg vom Glücksspiel. Dazu gehören auch Lotto, Brieflose und sonstiges.

96. Feilschen Sie! Nicht nur am Flohmarkt, sondern sogar in Geschäften ist manchmal ein Preisnachlass drinnen. Vielleicht sparen Sie ja ein paar Euro. Oder bekommen zu den neuen Schuhe ein Paar Strümpfe oder zum neuen Anzug eine passende Krawatte geschenkt.

97. Überprüfen Sie vor Verlassen des Geschäftes die Rechnung. Wurde etwas irrtümlich doppelt gerechnet, wurde ein Rabatt nicht berücksichtigt? Falls ja: Reklamieren Sie sofort.

98. Bezahlen Sie Rechnungen immer sofort. Riskieren Sie keine Mahnspesen!

99. Denken Sie nicht ständig daran, dass Sie auf etwas verzichten müssen. Freuen Sie sich darüber, dass Sie auch mit weniger auskommen können. Und behalten

Sie immer Ihr Ziel vor Augen. Denken Sie daran, dass Sie vielleicht erst durch den Verzicht im Kleinen nicht auf etwas Großes verzichten müssen.

Anhang 1 - Resteverwertung

Wenn Sie entdecken, dass Lebensmittel bald aufzubrauchen sind, ist es hilfreich, die eine oder andere Idee zu haben, was man damit machen kann.

Hier ein paar Inspirationen, nach Lebensmitteln geordnet:

Eier

- Backen Sie ein Biskuit. Dabei brauchen Sie relativ viele Eier. Sie haben im Moment keine Bedarf an Kuchen? Dann schneiden Sie ihn in Stücke und frieren Sie ihn ein. Bei nächsten Kaffeeplausch mit Freunden brauchen Sie nicht extra zu backen oder zum Konditor zu gehen.
- Machen Sie eine Eierspeise zum Abendessen. Ein bisschen Wurst hinein, Brot dazu und die Eier sind weg und alle zufrieden.
- Kochen Sie die Eier hart und machen Sie einen Aufstrich: Eier, Zwiebel, Schnittlauch klein hacken, mit ein paar Löffeln Sauerrahm vermischen, salzen, pfeffern, eventuell ein wenig Senf untermengen.

Semmeln

- Servieren Sie zum Mittagessen doch einmal einen Scheiterhaufen: Was Sie dafür brauchen sind neben alten Semmeln noch Milch, Eier, Zucker, Zimt, Äpfel, Rosinen - wenn Sie sie mögen - und ein paar Butterflöckchen. Einen Scheiterhaufen kann man auch wunderbar als Nachtisch servieren oder kalt essen.

- Schneiden Sie die Semmeln in Würfel und lassen Sie sie trocknen. Sie können Sie dann für Knödel oder als Croutons in der nächsten Suppe verwenden.
- Die getrockneten Semmeln können Sie auch zu Semmelbröseln (Paniermehl) reiben.

Wurst

- Wurstfleckerl oder Nudelauflauf - die entsprechenden Rezepte finden Sie in Anhang 2
- Nudelsalat: Für das Abendessen Nudeln nach Wahl kochen (am besten eignen sich Hörnchen oder kleinere Penne). Wurst, Zwiebel, Gemüse wie Tomaten, Paprika, Gurken klein schneiden, mit den gekochten Nudeln sowie Joghurt vermischen und mit Salz, Pfeffer und einem Spritzer Essig abschmecken. Wer will, kann den Nudelsalat auch noch mit Käse verfeinern. Besonders geeignet ist er auch, um an einem heißen Sommertag ins Schwimmbad mitgenommen zu werden.
- Erdäpfelpfanne: auch dieses Rezept finden Sie im Anhang 2
- Wurstaufstrich: Wurst mit dem Mixer zerkleinern, mit kleingehackten Gurken, Topfen oder Frischkäse vermengen und mit Kräutern und Salz abschmecken.

Käse

- Käsespätzle oder Kartoffelgratin mit Käse (Siehe Anhang 2)
- Käse lässt sich einfrieren!
- Käse reiben und gerieben in kleinen Portionen einfrieren

Fleisch-, Bratenreste

Manchmal bleibt vom Sonntagsbraten zu wenig übrig, um eine vollständige Mahlzeit zu bereiten.

Machen Sie doch ein Gröstl: Erdäpfel und/oder Nudeln kochen, Zwiebel in einer Pfanne rösten, Fleischreste dazu, kleingeschnittene Erdäpfel und /oder Nudel daruntermischen. Alles gut anbraten. Nach Geschmack kann noch Mais, Essiggurkerl oder Käse dazugegeben werden.

Brot

- Altes Brot schmeckt meist noch sehr gut, wenn man es in Scheiben schneidet und kurz toastet.
- Wenn Sie es etwas knuspriger toasten, können Sie es als „Knoblauchbrot" essen: Die getoasteten Scheiben noch warm mit Knoblauch einreiben, mit Butter bestreichen und eventuell ein wenig salzen. Als ich ein Kind war, gab es bei uns zu Hause einen Dialog, der sich wöchentlich wiederholte: Meine Mama fragte mich: „Was möchtest du am Abend essen?" Ich antwortete: „Knoblauchbrot". Und sie lachte und meinte: „Du bist ein billiges Kind".
- Oder machen Sie Spinatlaibchen: Schwarzbrot in kleine Würfel schneiden, mit 1 Ei, etwas Schafkäse,

Salz und Pfeffer vermischen, mit gekochtem Blattspinat vermengen, Laibchen formen und in wenig Fett in der Pfanne braten.

- Brotsuppe: 2 Zwiebel schälen und fein hacken, 150 g Brot klein schneiden und beides gemeinsam in einem Topf mit heißem Öl anrösten. Mit Suppe aufgießen (1 l) und aufkochen lassen. Einen Becher Sauerrahm mit einem Eidotter verquirlen, in die Suppe einrühren und mit Salz und Pfeffer abschmecken.
- Schwarzbrottoast: Brot mit Wurst und/oder Käse belegen, ein paar Zwiebelscheiben darauf und im Ofen überbacken. Im Lokal zahlt man dafür schnell mal sieben Euro...

Anhang 2 - Rezepte für Speisen um 1 Euro

Eine Mahlzeit um zirka einen Euro! Geht nicht? Doch. Finden Sie hier 30 Rezepte (jeweils für 4 Personen) - also für jeden Tag des Monats eines - von denen jeweils 1 Portion etwa 1 Euro (oder sogar weniger) kostet. Vorausgesetzt natürlich, Sie kaufen so ein, wie Sie es nun gelernt haben!

- Wurstfleckerl

  Zutaten: 250 Gramm Dürre (oder eine andere würzige Wurst), 500 Gramm Fleckerl, 2 große Zwiebel, 1 Ei, Salz, Pfeffer, Öl

  Fleckerl in Salzwasser kochen, abseihen. In der Zwischenzeit in einer großen Pfanne die klein gehackten Zwiebel im heißen Öl anrösten, die klein gewürfelte Wurst dazugeben und bei mittlerer Hitze 5 bis 10 Minuten rösten. Die Fleckerl dazugeben gut durchmischen, nach Geschmack salzen und pfeffern. Wollen Sie die Wurstfleckerl verfeinern, können Sie Maiskörner unter-mischen und/oder ein bis zwei Eier darüberschlagen.

- Krautfleckerl

  Zutaten: 500 g Fleckerl, 500 g Weißkraut, 2 EL Öl, 1 EL Zucker, 1 Zwiebel, 1 Schuss Essig, Salz, Pfeffer.

  Die Fleckerl im Salzwasser kochen und abseihen. Das Kraut putzen, den Strunk entfernen und ebenso wie den Zwiebel fein hacken. Zucker im heißen Fett bräunen, die Zwiebel dazugeben und darin anschwitzen. Mit Essig ablöschen, das Kraut dazugeben, salzen. Wenig Wasser hinzufügen und bei niedriger Hitze weich dünsten. Das Kraut mit den gekochten Fleckerln vermischen, mit Salz und Pfeffer abschmecken, kurz durchrösten und servieren. Krautfleckerl schmecken übrigens am nächsten Tag aufgewärmt noch besser.

- Erdäpfelgulasch

  Zutaten: 1 kg Kartoffel, 3 Zwiebel, 50 Gramm Speck, 30 Gramm Öl, 125 ml Sauerrahm, 1 TL Paprika, Salz, Majoran, Essig

  Die Zwiebel fein hacken, den Speck würfelig schneiden. Beides in einen Topf mit dem erhitzten Öl geben und hellgelb rösten. Den Paprika dazugeben. Die Kartoffel schälen, in Würfel schneiden und in den Topf geben. Mit Wasser aufgießen, sodass die Kartoffel gut bedeckt sind. Mit Salz, Majoran und einem Schuss Essig würzen und zugedeckt weich dünsten. Vor dem Servieren den Rahm einrühren. Wenn man es etwas deftiger möchte, kann man auch noch Wurst hineinschneiden.

- Erdäpfelgratin

  Zutaten: 1 kg Kartoffel, 3 Knoblauchzehen, 150 g geriebener Käse, 500 ml Milch, Salz, Pfeffer, Öl

  Kartoffeln schälen, waschen und in sehr dünne Scheiben schneiden. Knoblauchzehen abziehen und klein gehackt in der gesalzenen Milch aufkochen. Form mit Öl ausstreichen. Kartoffeln einschichten , mit Käse bestreuen, einen Teil der Milch darüber gießen, eine weitere Lage Kartoffelscheiben darüber schichten, mit der restlichen Milch über-gießen, mit Käse bestreuen und im Backofen bei 200 Grad 45 Minuten backen.

- Eiernockerl

Zutaten: 250 Gramm Mehl, 250 ml Milch, 4 Eier, Salz, Öl, 50 Gramm Butter, gehackte Petersilie

Ein Ei mit Milch versprudeln und mit dem Mehl vermischen, 1 Kaffeelöffel Salz und 3 Esslöffel Öl dazugeben. Alles zu einem Teig verarbeiten. Mit einem Löffel kleine Nockerl ausstechen, in kochendes Salzwasser geben. Ca. 7 Minuten kochen, danach abseihen. In einer Pfanne die Butter heiß werden lassen, die Nockerl dazugeben und darin schwenken. Zuletzt in die versprudelten Eier die gehackte Petersilien einrühren und über die Nockerl gießen. Alles gut durchrösten. Wenn die Eier gestockt sind, ist Ihr Essen fertig. Zu Eiernockerln passt am besten grüner Salat.

- Bohnengulasch

Zutaten: 300 Gramm Bohnen, 100 Gramm Speck, 2 Zwiebel, 1 Kaffeelöffel Paprika, 1 Esslöffel Mehl, ein halber Suppenwürfel (oder 1 Becher frische Suppe), Salz, Essig, Knoblauch.

Die Bohnen über Nacht in Wasser einweichen. Am nächsten Tag in Salzwasser kernig weich kochen, abseihen. Die Zwiebel fein hacken und den Speck fein würfelig schneiden. Speck und Zwiebel gemeinsam rösten, den Paprika dazugeben, mit dem Mehl stauben und mit dem Wasser und einem Schuss

Essig löschen. Die Bohnen dazugeben, mit Suppe aufgießen. 20 Minuten kochen und zuletzt mit Salz und etwas Knoblauch abschmecken. Dazu passt alles, was schmeckt, z.B. Erdäpfel oder eine Scheibe Schwarzbrot.

- Erdäpfelpfanne mit Speck (Backrohr)

  Zutaten: 1,3 kg Erdäpfel, 3 große Zwiebel, 200 Gramm Speck, 200 Gramm Käse, Öl, Salz, Pfeffer

  Die Zwiebeln schneiden und den Speck fein würfelig schneiden. In einer Pfanne etwas Öl erhitzen und den Zwiebel goldbraun rösten. Dann Speck dazugeben und mindestens 10 Minuten bei mittlerer Hitze unter ständigem Rühren braten. Den Käse grob reiben. Die gekochten und geschälten Erdäpfel schneiden Sie in ca. 5 mm dicke Scheiben. Befetten Sie eine Auflaufform und schichten Sie abwechselnd Erdäpfelscheiben, Speck-Zwiebel-Gemisch, Erdäpfelscheiben, Käse, Erdäpfelscheiben usw. Die oberste Schicht ist Käse. Die Erdäpfelscheiben nach Geschmack salzen und pfeffern. Die Erdäpfelpfanne im Backrohr bei 180 Grad solange überbacken, bis der Käse geschmolzen ist.

- Nudelauflauf

  Zutaten: 400 Gramm Hörnchen, 40 Gramm Butter, 40 Gramm Mehl, 500 ml Milch, 2 Eier, 100 Gramm geriebener Hartkäse, Wurstreste nach Geschmack, Salz, Pfeffer

  Die Hörnchen in Salzwasser kochen, abschrecken und gut abtropfen lassen. In einem Topf Butter schmelzen, das Mehl dazugeben und in der Butter anlaufen lassen und mit Salz und Pfeffer würzen. Auskühlen lassen und dann die Eidotter und mit dem geriebenen Käse verrühren. Eiklar steif schlagen. Eine Auflaufform buttern. In die Käsesauce die Hörnchen mischen, den Eischnee unterheben und in die Auflaufform füllen. Bei stärkerer Hitze etwa 1 Stunde backen. Mit Salat servieren.

- Bröselnudel

Zutaten: 500 Gramm Bandnudeln, 200 Gramm Semmelbrösel, 50 Gramm Butter, Zucker, Kompott oder Apfelmus

Bringen Sie in einem großen Topf 5 Liter Salzwasser zum Kochen und fügen Sie die Nudeln dazu. Kochen Sie diese unter mehrmaligem Rühren. In der Zwischenzeit schmelzen Sie in einer Pfanne die Butter und rösten die Brösel darin bei starker Hitze unter ständigem Rühren so lange, bis diese goldbraun sind. Mischen Sie Zucker nach Geschmack dazu. Wenn die Nudeln kernig weich sind, seihen Sie diese ab. Schwenken Sie die Nudeln im Bröselgemisch und servieren Sie diese einfache Süßspeise mit Kompott nach Belieben oder Apfelmus.

- Topfenknödel

Zutaten: 500 Gramm Topfen, 2 Eier, 4 Esslöffel Grieß, 4 Esslöffel Mehl, 4 Esslöffel Brösel, 1 Prise Salz, 50 Gramm Butter, 100 Gramm Brösel

Den Topfen mit den Eiern und dem Salz gut vermischen, Grieß, Mehl und Brösel darunter heben und so lange rühren, bis alle Zutaten gut vermischt sind. Den Teig eine halbe Stunde ruhen lassen. In einem Topf leicht gesalzenes Wasser zum Kochen bringen. Aus dem Teig kleine Knödel formen, diese in das kochende Wasser legen und langsam , etwa zehn Minuten kochen. Wenn die Knödel aufsteigen, diese herausnehmen und gut abtropfen lassen. Während die Knödel kochen, bereiten Sie die gerösteten Brösel vor: Butter in einer Pfanne zerlassen, Brösel dazugeben und bei starker Hitze unter ständigem Rühren braun werden lassen. Die Knödel in den gerösteten Bröseln wälzen, mit Zucker bestreuen und servieren.

Zu Topfenknödeln passt jede Art von Kompott.

- Käsespätzle

Zutaten: 500 g Mehl, 250 ml Wasser, 1 EL Öl, Salz, 6 Eier, 3 Zwiebel, ca. 250 g Käse(reste)

Eier, Mehl, Öl und ca. 4 TL Salz verrühren und so lange Wasser zugeben, bis ein dickflüssiger Teig entstanden ist. Salzwasser zum Kochen bringen und den Teig löffelweise (oder noch besser mit einem Spätzleschaber) in das kochende Wasser geben. Dies erfolgt in mehreren Durchgängen. Nach wenigen Minuten steigen die Spätzle nach oben und sind fertig. Spätzle noch heiß mit geriebenem Käse vermischen und geröstete Zwiebel darüberstreuen.

- Falaffel

Zutaten: 250 Gramm Kichererbsen, ½ TL Korianderpulver, Zwiebel, 2 Knoblauchzehen, 1 TL gemahlener Kümmel, 1 EL Zitronensaft, Salz, Pfeffer, eventuell Petersilie.

Kichererbsen über Nacht mindestens 12 Stunden einweichen - danach mit dem Passierstab pürieren. Zwiebel klein schneiden, Knoblauch klein hacken. Die pürierten Kichererbsen mit den Zutaten vermischen, würzen und kleine Bällchen formen. In einer Pfanne ca. 2 cm Öl erhitzen und die Falafel backen. Falafel schmecken am besten zu Tsatsiki.

- Fleischpalatschinken

Zutaten: 2 Eier, 200 Gramm Mehl, 500 ml Milch, Salz, Öl, 300 Gramm Faschiertes, 1 Zwiebel, Ketchup, 100 Gramm Emmentaler

Für den Palatschinkenteig verrühren Sie 200 Gramm Mehl mit einem halben Liter Milch und 2 Eiern. Etwas salzen und eine halbe Stunde rasten lassen. In der Zwischenzeit die Zwiebel klein hacken. In einer Pfanne Zwiebel im heißen Öl rösten. Das Faschierte dazugeben und gemeinsam etwa 10 Minuten unter ständigem Rühren rösten. Eine halbe Stunde zugedeckt bei geringer Hitze köcheln lassen. Dann salzen, pfeffern und mit Ketchup vermischen. Während das Fleisch köchelt, können Sie die Palatschinken backen. In einer Pfanne wenig Öl sehr heiß werden lassen und mit einem Schöpflöffel einen Teil des Teiges in die heiße Pfanne gießen. Durch Schwenken der Pfanne den Teig rasch gleichmäßig verteilen und solange braten, bis Sie die Palatschinke wenden können. Auf der anderen Seite goldbraun braten, aus der Pfanne nehmen und auf einen Teller legen. Mit dem Rest des Teiges genauso verfahren. Aus dem Teig sollten Sie 8 Palatschinken backen. Palatschinken mit der Fleischfülle bestreichen, einrollen und in eine eckige eingefettete Auflaufform geben. Mit dem Emmentaler bestreuen und bei mittlerer Hitze mindestens 20 Minuten im Backrohr überbacken.

- Spaghetti mit Butter und Knoblauch

  Zutaten: 500 Gramm Spaghetti, 100 Gramm Butter, 4 Knoblauchzehen, Salz

  Die Spaghetti in Salzwasser kochen und abseihen. Butter in einem Topf zerlassen, die Nudeln darin schwenken. Zuletzt die Knoblauchzehen pressen, daruntermischen. Alles gut durchmischen, eventuell noch salzen, heiß servieren und einen Salat dazu reichen.

- Reisfleisch

  Zutaten: 200 g Langkornreis, 1 EL Paprikapulver, 400 g Schweinefleisch (Schulter, Schnitzel...), 2 Zwiebel, 1 Knoblauchzehe, Tomatenmark, 750 g Suppe, Salz, geriebener Parmesan, Öl

  Schneiden Sie das Fleisch in mundgerechte Stücke, hacken Sie Zwiebel und Knoblauch. Erhitzen Sie das Öl in einem Topf und braten Sie das Fleisch an. Dann geben Sie die Zwiebel dazu und zuletzt den Knoblauch. Rösten Sie alles kurz durch, bevor Sie den Reis dazugeben. Mit Suppe aufgießen, Salz, Tomatenmark und Paprika dazu fügen. Auf kleiner Flamme ca. 40 min dünsten (schauen Sie ab und zu nach, ob genug Flüssigkeit enthalten ist). Wenn der Reis weich ist, ist das Reisfleisch fertig. Mengen Sie einige Löffel Parmesan unter.

Dieses Gericht kann alternativ auch mit Putenbrust zubereitet werden.

- Hühnerreis

  Zutaten: 250 g Langkornreis, Stücke vom gebratenen Huhn, 1 Zwiebel, Erbsen nach Geschmack, Suppe, 1 Becher Sauerrahm, Öl

  Während der Reis kocht, die Zwiebel hacken und in etwas Öl glasig dünsten. Das Fleisch vom Knochen trennen und in mundgerechte Stücke teilen, zugeben. Mit etwas Suppe und Sauerrahm vermengen, gekochte Erbsen unterrühren und mit dem Reis vermengen.

- Sterz mit Apfelmus

  200 g Mehl, 125 ml heiße Gemüsesuppe oder Wasser, 200 g weiße Bohnen, 200 g rote Bohnen, 2 EL Öl, Salz, 500 g Apfelmus

  Mehl in einer Pfanne bei schwacher Hitze trocken rösten, bis es heiß ist. So viel Flüssigkeit zugießen, dass eine klumpige Masse entsteht, die sich vom Pfannenboden löst. Öl erhitzen, vorsichtig über die Mehlmasse gießen und unter Rühren rösten, bis sie bröselig ist. Salzen, die abgetropften Bohnen unterrühren und erwärmen. Mit Apfelmus servieren.

- Knödel mit Ei

  Zutaten: 350 g Semmelwürfel, eine kleine Zwiebel, 50 g Butter, 6 Eier, 230 ml Milch, Salz, Petersilie, 50 g griffiges Mehl, etwas Butter für die Pfanne

  Schneiden Sie die Zwiebel klein und geben Sie sie in eine kleine Pfanne, in der Sie 50 g Butter zerlaufen haben lassen. Dünsten Sie die Zwiebel in der Butter weich. Vermischen Sie in einer Schüssel die Semmelwürfel mit 2 Eiern, Milch, Petersilie und geben Sie das Butter-Zwiebel-Gemisch dazu. Vermischen Sie alles und fügen Sie Salz dazu. Nun soll der Knödelteig mindestens 15 min ziehen. Dann heben Sie das Mehl unter und kneten alles gut durch. Formen Sie Knödel und lassen Sie diese 20 min im kochenden Salzwasser ziehen. Danach schneiden Sie diese klein, lassen etwas Butter in einer Pfanne braun werden und braten die Knödel darin an. Zum Schluss gießen Sie 4 Eier darüber und lassen diese stocken. Servieren Sie die Knödel am besten mit grünem Salat.

- Linsenpuffer

  Zutaten: 800 g Kartoffel, 1 kleine Zwiebel, 250 g rote Linsen, 100 g zarte Haferflocken, 150 g Feta, Salz, Pfeffer

  Kartoffeln schälen und grob raspeln. Linsen in etwas Wasser 10 min kochen und abseihen. Etwas abkühlen lassen und unter die Kartoffelraspel mischen. Feta klein würfeln, Zwiebel hacken. Beides zur

Kartoffelmasse geben, mit den Haferflocken vermengen und würzen.

Etwas Öl erhitzen, für jeden Puffer 1 EL Teig in die Pfanne geben, flach drücken und bei mittlerer Hitze goldbraun braten, einmal wenden.

- Flammkuchen

Zutaten: 250 g Mehl, 125 ml Wasser, 2 EL Öl, 250 g Sauerrahm (oder Sauerrahm und Frischkäse), 1 Zwiebel, 100 g Speck, Salz und Pfeffer

Aus Mehl, Wasser, Öl und einer Prise Salz einen Teig zubereiten. Diesen sehr dünn ausrollen und auf ein Backblech legen. Den Sauerrahm (eventuell mit etwas Frischkäse) verrühren und auf dem Teig aufstreichen. Mit Speckwürfeln und den kurz in Wasser gedünsteten Zwiebelringen belegen, salzen und pfeffern. Bei 250 Grad auf der untersten Schiene etwa 20 min Backen.

Statt Speck kann man den Flammkuchen in der pikanten Variante auch mit Räucher-lachs, Ziegenkäse oder Blauschimmelkäse belegen. Süß eignen sich zum Beispiel Apfelspalten.

- Kichererbsencurry

Zutaten: 160 g getrocknete Kichererbsen (oder 350 g bis 400 g aus der Dose), Wasser, 2 EL Öl, 1 Zwiebel, 2 Knoblauchzehen, 400 g gehackte Tomaten, 1,5 TL Garam Masala, 2 TL Curry, 1 TL Kreuzkümmel, Salz, 250 ml Kokosmilch

Am Vorabend 160 g getrocknete Kichererbsen in reichlich Wasser einweichen. Am nächsten Tag Wasser wechseln und die Kichererbsen bissfest kochen. Sie können auch Kichererbsen aus der Dose verwenden, diese sind allerdings teurer und haben die schlechtere Umweltbilanz (Transport, Dose,...)

Zwiebel und Knoblauch hacken. In einer Pfanne das Öl erhitzen und den Zwiebel und Knoblauch glasig werden lassen. Gehackte Tomaten und Kokosmilch hinzufügen und einige Minuten köcheln lassen. Danach die Kichererbsen einrühren, die Gewürze dazugeben und etwa 15 min köcheln lassen. Mit Salz abschmecken und mit Reis servieren.

Sehr gut schmeckt das Curry, wenn man vor dem Servieren ein paar Stücke Mango (oder alternativ ein paar Stücke Pfirsich aus einem Kompott) unterhebt und das Ganze mit frischem Koriander bestreut.

- Linsensuppe

Zutaten: 300 g rote Linsen, 100 g Haferflocken, 1 Karotte, 1 Kartoffel, 1 Zwiebel, 1 Knoblauchzehe, Zimt, Koriander, Thymian, Kurkuma, Kümmel, Öl, 750 ml Gemüsebrühe, Salz, Pfeffer, Zitrone

Das Olivenöl in einem Topf erhitzen und die Linsen, Zwiebel, Knoblauch und die Gewürze dazugeben und glasig anbraten. Das Gemüse zugeben, kurz durchrösten und mit der Gemüsebrühe ablöschen. Koriander, Thymian und Haferflocken untermengen und eine halbe Stunde köcheln lassen. Mit Zitrone,

Salz und Pfeffer abschmecken und mit Fladenbrot servieren.

- Erdäpfelpuffer

Zutaten: 1,2 kg Erdäpfel, 2 Eier, 1 große Zwiebel, 1,5 EL Mehl, 1 gehäufter TL Salz, Öl

Erdäpfel und Zwiebel schälen und fein raspeln. Eier, Salz und Mehl unterheben. In einer Pfanne Öl erhitzen und ca. 8 cm große Fladen machen. Von beiden Seiten knusprig braten und warmstellen, bis man den ganzen Teig verbraucht hat.

Was am besten zu Erdäpfelpuffern gegessen wird, ist Geschmacksache. Die einen essen sie mit Apfelmus, die anderen pinseln gepressten Knoblauch darauf und essen einen grünen Salat dazu.

- Kaiserschmarrn

Zutaten: 300 g Mehl, 450 ml Milch, 5 Eier, 4 EL Staubzucker, 1 Handvoll Rosinen (können auch weggelassen werden), 1 Prise Salz, Öl

Trennen Sie das Eigelb vom Eiweiß. Geben Sie die Dotter, die Hälfte des Zuckers, die Prise Salz sowie die Milch in eine Schüssel und verrühren Sie die Zutaten mit dem Mixer. Nach und nach rühren Sie das Mehl unter. Dann schlagen Sie das Eiweiß steif, rühren langsam den restlichen Zucker ein und heben die Masse vorsichtig unter die Eigelbmasse. Zuletzt geben Sie die gewaschenen Rosinen dazu. Erhitzen Sie in einer Pfanne das Öl und gießen Sie den Teig hinein. Nun lassen Sie den Teig auf einer Seite leicht braun werden, wenden Ihn dann und warten bis auch die andere Seite Farbe bekommen hat. Dann nehmen Sie 2 Gabeln und reißen die „Riesenpalatschinke“ in kleine Teile. Rösten Sie alles noch einmal gut durch und servieren Sie den fertigen Schmarrn mit einem Kompott Ihrer Wahl.

- Nudeln mit Schinken-Rahmsauce

Zutaten: 500 g Nudeln, 300 g Schinken (am günstigsten ist es, wenn Sie hierfür Schinkenreste verwenden, die in vielen Supermärkten zu einem sehr niedrigen Preis angeboten werden), 2 Becher Sauerrahm, Petersilie oder Schnittlauch.

Während die Nudeln kochen, schneiden Sie den Schinken in kleine dünne Stücke. Geben Sie den Sauerrahm in einen Topf, fügen Sie die Schinkenstücke dazu und würzen Sie mit Salz und Pfeffer. Erwärmen Sie die Sauce auf kleiner Flamme. Zuletzt können Sie - je nach Geschmack - noch mehrere Esslöffel klein gehackte Petersilie oder klein gehackten Schnittlauch unterrühren. Seihen Sie die Nudeln ab und richten Sie diese mit der Sauce an.

Dieses Essen ist nicht nur günstig, sondern auch sehr schnell zubereitet.

- Risipisi mit Geselchtem

Zutaten: 2 Tassen Reis (Langkorn, parboiled), 1 große Zwiebel, 2 Tassen Erbsen, 350 g Geselchtes (alternativ Kochschinken), Öl, Parmesan

Während Sie den Reis und die Erbsen kochen, hacken Sie die Zwiebel und schneiden Sie das Geselchte in Würfel von ca. 1 cm^3. Rösten Sie die Zwiebel in einer Pfanne mit heißem Öl, fügen Sie das Geselchte dazu und braten es kurz mit. Wenn der Reis fertig ist, mischen Sie ihn - ebenso wie die gekochten Erbsen - unter. Richten Sie das Risipisi auf Tellern an und bestreuen Sie es mit Parmesan.

- Hascheehörnchen

Zutaten: 350 g gemischtes Faschiertes, 500 g Hörnchen, 1 Zwiebel, Salz, Pfeffer, Öl

Braten Sie die fein gehackte Zwiebel in 3 EL Öl an, geben Sie das Fleisch dazu und braten Sie es unter regelmäßigem Rühren bis es durch ist. Schmecken Sie es mit Salz und Pfeffer ab. Kochen Sie die Hörnchen nach Anleitung und lassen Sie sie nach Ende der Kochzeit gut abtropfen. Vermengen Sie die Hörnchen mit dem Haschee. Rösten Sie alles noch einmal gut durch und servieren Sie die Hörnchen mit grünem Salat.

- Tomatenrisotto

Zutaten: 350 g Risottoreis, 1 Dose gewürfelte Tomaten, 2 Zwiebeln, 1 Knoblauchzehe, Olivenöl, 1 l Gemüsebrühe, 100 ml Weißwein, 125 g Mozzarella, Basilikum, 50 g Parmesan

Knoblauch und Zwiebeln schälen und in feine Würfel hacken. Den Gemüsefond erhitzen.

Olivenöl in einem Topf erhitzen, Zwiebeln und Knoblauch darin anschwitzen. Den Reis dazuzugeben und unter Rühren so lange dünsten, bis er glasig wird. Tomaten unterrühren und den Reis mit Salz würzen. Mit Weißwein ablöschen und solange rühren, bis er verdampft ist. Dann immer wieder so viel Brühe unterrühren, dass der Reis gerade mit Flüssigkeit bedeckt ist. Unter ständigem Rühren etwa 25 min köcheln lassen, bis die Flüssigkeit aufgesogen ist. Den abgetropften Mozzarella in kleine Stücke schneiden und gemeinsam mit dem Parmesan und dem gehackten Basilikum unterheben.

- Chili

Zutaten: 600 g Faschiertes, 2 Zwiebeln, 3 Knoblauchzehen, 2 Dosen Tomaten (ca. 800 g), 1 Dose Bohnen (ca. 500 g), 1 Dose Mais (ca. 200 g), 500 ml Gemüsebrühe, Salz, Chili, Tomatenmark

Zwiebeln hacken und in einem Topf mit Öl goldgelb anbraten. Hackfleisch dazugeben, so lange braten bis es gut durch ist. Tomatenmark unterrühren und etwas miträsten. Die Tomaten, den gehackten Knoblauch sowie Gewürze dazugeben. Mit Brühe aufgießen und bei mittlerer Hitze 30 - 45 Minuten köcheln lassen. Zum Schluss Mais und Bohnen unterrühren und kurz mitgaren. Dazu passt Weißbrot, Reis, Kartoffel, Tortillas...

- Tiroler Knödel

Zutaten: 200 g Semmelwürfel, 140 ml Milch, 3 Eier, 60 g Mehl, 70 g Speck, 70 g Bergsteigerwurst, 15 g Butter, 1 Zwiebel, 3 TL Petersilie

Semmelwürfel, Milch und Eier vermengen und ca. 30 Minuten ziehen lassen. In der Zwischenzeit Speck, Wurst und Zwiebel kleinwürfelig schneiden und in einer Pfanne mit zerlassener Butter anbraten. Petersilie und Schnittlauch untermengen.

Mit der Knödelmasse vermengen, Mehl einarbeiten und mit feuchten Händen Knödel formen. Im kochenden Salzwasser 15 Minuten kochen.

Am besten probiert man vorab einen Probeknödel, um die Konsistenz zu überprüfen. Wenn er zu weich ist, fügen Sie etwas Mehl in die Masse, bevor Sie die restlichen Knödel kochen.

Dazu passt besonders gut Sauerkraut oder Weißkraut.

Anhang 3 - Lebensmittel haltbar machen

Beim Einfrieren von Lebensmitteln stößt man bald einmal an seine Grenzen. Nämlich immer dann, wenn der Tiefkühlschrank voll ist. Es gibt aber eine ganze Menge an Alternativen, um Obst, Gemüse oder Kräuter haltbar zu machen. Ein paar von diesen Möglichkeiten sind hier angeführt.

Obst

Vielleicht haben Sie selbst den einen oder anderen Obstbaum oder Strauch. Oder Sie wollen einfach, wenn die Früchte gerade Saison haben und deshalb frisch und günstig zu bekommen sind, etwas davon konservieren. Das können Sie auf unterschiedliche Weise tun.

- Trocknen: Zum Trocknen von Obst eignet sich neben der Sommersonne und einem Leinentuch ebenso das Backrohr oder ein Dörrautomat. Schneiden Sie das Obst z.B. in Scheiben und legen Sie es auf. Manches Obst, wie z.B. Äpfel, lässt sich auch hervorragend auffädeln und dann in der Sonne trocknen.

- Sirup: Fast jedes Obst eignet sich zur Herstellung von Sirup. Zuerst waschen Sie das Obst. Dann wird es entweder gleich püriert (z.B. Beeren) oder vorher kurz in etwas Wasser weichgekocht (z.B. Äpfel) und dann püriert. Das Obst gemeinsam mit dem Wasser und dem Zucker (auf 1 kg Obst verwendet man 1 Liter Wasser, 500 g Zucker und den Saft von 2 Zitronen) bei regelmäßigem Umrühren 30 min köcheln lassen. Durch ein mit einem Tuch ausgelegtes Sieb filtern und in saubere Flaschen füllen. Der Sirup ist mindestens 6 Monate haltbar, geöffnete Flaschen sollten im Kühlschrank gelagert werden.

- Einkochen: Für unsere Omas gehörte Einkochen ganz selbstverständlich zum Sommer. Heute ist es ein bisschen aus der Mode gekommen, dabei ist es eine besonders gute Methode um gerade reifes Obst vor dem Verderben zu retten und im Winter auf selbstgemachtes Kompott zugreifen zu können. Zum Einkochen können Sie neben speziellen Einweckgläsern alle Gläser mit einem Twist-off-Deckel (wie etwa von Marmeladen, Fertigsalaten oder Gurkerln) verwenden. Zuerst werden die Gläser und Deckel steril gemacht. Dazu werden Sie 10 min im Wasser gekocht oder für 10 min in den Backofen bei 180 Grad gelegt. Dann erhitzt man in einem Topf Wasser und Zucker (pro Kilo Obst etwa 1 Liter Wasser und 250 Gramm Zucker), schneidet das Obst in Stücke, füllt es in die Gläser und gießt die Wasser-Zucker-Mischung darüber. Die verschlossenen Gläser werden nun auf ein Backblech gestellt, das 2 cm hoch mit Wasser befüllt ist und im Backrohr bei 160 Grad solange „gebacken", bis Bläschen aufsteigen. Lagern Sie die Gläser kühl und dunkel.

- Marmeladen: Eine besonders beliebte Methode Obst zu konservieren ist das Herstellen von Marmelade. Dafür brauchen Sie nur Obst, Zucker und saubere Gläser mit intakten Deckeln. Weniger Zucker benötigen Sie, wenn Sie Gelierzucker verwenden. Kochen Sie die kleingeschnittenen Früchte mit dem

Zucker unter ständigem Rühren zu einer dickflüssigen Masse, füllen Sie dieses in sterilisierte Gläser und verschließen Sie die Deckel.

- Likör: Für die Herstellung von Likör können Sie jedes Obst verwenden. Dieses wird geschnitten und in ein Glas mit großer Öffnung gefüllt, mit Zucker vermischt und mit Alkohol übergossen. Dabei gilt: Auf ein kg Obst kommen 250 g Zucker und 750 ml Alkohol (Korn, Wodka, Weinbrand,...). Je nach Obst muss dieses Gemisch nun an einem dunklen und kühlen Ort vier bis acht Wochen ziehen. Danach durch ein Sieb gießen und in kleine Flaschen füllen. Mit einem netten Etikett haben Sie auch ein tolles Mitbringsel oder Geschenk.

Gemüse

- Gemüsechips: Viele Gemüsesorten lassen sich - ebenso wie Obst - hervorragend trocknen. Geeignet sind jede Art von Wurzelgemüse, Zucchini, Tomaten, Sellerie usw. Sie können so leckere Gemüsechips herstellen, als gesunde Alternative zu herkömmlichen Knabbereien. Wie es geht, lesen Sie oben beim Obst.

- Einsalzen: Wurzelgemüse eignet sich hervorragend, um eingesalzen zu werden. Es kann dann bei Bedarf für Suppen und Saucen - ganz ohne Geschmacksverstärker und Konservierungsstoffe - verwendet werden. Dafür wird 1 kg Wurzelgemüse in der Küchenmaschine zerkleinert, mit 130 g Salz vermischt und in Schraubgläser gefüllt.

- Trockensuppe aus Gemüseresten: Regelmäßig bleibt beim Kochen etwas Gemüse übrig. Man packt es dann in den Kühlschrank, wo man es häufig vergisst und dann nach einiger Zeit entsorgt. Machen Sie es ab sofort anders: Immer wenn Sie Gemüsereste haben - und hier eignet sich nahezu alles, beginnend bei Zwiebeln, Lauch, Knoblauch, Kräuter, Karotten, Kohlrabi, Kraut, Brokkoli - schneiden Sie sie klein und trocknen Sie. Dann füllen Sie das getrocknete Gemüse in Schraubgläser. Und wenn das nächste Mal etwas übrig bleibt, kommt es einfach ins Glas dazu.

- In Öl einlegen: Gemüse wie Paprika, Zucchini, Pfefferoni oder Melanzani lassen sich gut in Öl einlegen. Das Gemüse kochen, einsalzen in ein Glas füllen und mit Öl übergießen.

- In Essig haltbar machen: Gemüse nach Belieben in ein kochendes Gemisch aus Essig, Salz, Gewürzen, Zucker und Wasser geben und ca. sechs min weichkochen. Das Gemüse raus nehmen und in sterile Gläser füllen. Dann den Essigsud noch einmal aufkochen, über das Gemüse leeren. Gläser verschließen.

- In Salzlake einlegen: Gemüse in Stücke schneiden und in ein Schraubglas schichten. 1 Liter Wasser mit 3 EL Salz und einem Schuss Essig aufkochen. Abkühlen lassen und über das Gemüse gießen. Es muss alles bedeckt sein. An einem dunklen und kühlen Ort lagern.

Kräuter

Kräuter kann man, ebenso wie Gemüse, trocknen, einsalzen, in Essig oder in Öl einlegen (Kräuteressig und Kräuteröl sind auch sehr schöne Geschenke).